# 当代大学生心理教育研究

张 静 ◎ 著

河海大学出版社
·南京·

图书在版编目(CIP)数据

当代大学生心理教育研究 / 张静著. -- 南京：河海大学出版社，2023.12
　ISBN 978-7-5630-8774-7

Ⅰ. ①当… Ⅱ. ①张… Ⅲ. ①大学生-心理健康-健康教育-研究 Ⅳ. ①G444

中国国家版本馆 CIP 数据核字(2023)第 241619 号

| 书　　名 | 当代大学生心理教育研究 |
|---|---|
| 书　　号 | ISBN 978-7-5630-8774-7 |
| 责任编辑 | 杜文渊 |
| 特约校对 | 李　浪　杜彩平 |
| 装帧设计 | 徐娟娟 |
| 出版发行 | 河海大学出版社 |
| 地　　址 | 南京市西康路 1 号(邮编：210098) |
| 电　　话 | (025)83737852(总编室)　(025)83722833(营销部) |
| 经　　销 | 江苏省新华发行集团有限公司 |
| 排　　版 | 南京布克文化发展有限公司 |
| 印　　刷 | 广东虎彩云印刷有限公司 |
| 开　　本 | 718 毫米×1000 毫米　1/16 |
| 印　　张 | 11.75 |
| 字　　数 | 205 千字 |
| 版　　次 | 2023 年 12 月第 1 版 |
| 印　　次 | 2023 年 12 月第 1 次印刷 |
| 定　　价 | 68.00 元 |

# 目录
CONTENTS

绪论 …………………………………………………………………… 001
 一、问题的缘起和研究意义 ………………………………………… 003
 二、当代大学生心理教育研究综述 ………………………………… 008
 三、研究思路与研究方法 …………………………………………… 023
 四、本研究的创新之处 ……………………………………………… 025

**第一章 当代大学生心理教育的历史与现状** …………………………… 027
 第一节 心理教育的概念 …………………………………………… 029
  一、多学科视域中的心理教育 …………………………………… 029
  二、心理教育的特征 ……………………………………………… 031
  三、心理教育的内涵 ……………………………………………… 033
 第二节 西方学校心理教育的历史与现状 ………………………… 035
  一、西方学校心理教育的历史演进 ……………………………… 035
  二、西方学校心理教育理论流派 ………………………………… 037
  三、西方学校心理教育的发展与现状 …………………………… 039
 第三节 我国大学生心理教育的历史与发展 ……………………… 041
  一、我国心理教育的历史渊源 …………………………………… 042
  二、我国大学生心理教育的历史进程 …………………………… 043
  三、我国政府在心理教育发展中的作用 ………………………… 046
 第四节 我国当代大学生心理教育现状 …………………………… 049
  一、宏观视域中的当代大学生心理教育 ………………………… 049
  二、中观视域中的当代大学生心理教育 ………………………… 050

三、微观视域中的当代大学生心理教育 ·················· 051
　　四、我国大学生心理教育现状的特色 ·················· 056
　　五、"他山之石"对我们的启发 ······················· 060

第二章　当代大学生心理教育的理论依据 ················· 063
　第一节　当代大学生心理教育的人学观 ················· 065
　　一、"有意识的人" ······························ 066
　　二、"有需要的人" ······························ 067
　　三、"现实的人" ································ 068
　第二节　当代大学生心理教育的基本原理 ··············· 070
　　一、存在决定意识原理 ··························· 070
　　二、以人为本原理 ······························ 073
　　三、活动育人原理 ······························ 075
　　四、自我成长原理 ······························ 079
　第三节　当代大学生心理教育的基本原则 ··············· 082
　　一、当代大学生心理教育的形式原则 ················· 083
　　二、当代大学生心理教育的内容原则 ················· 086

第三章　当代大学生心理教育的制度与队伍建设 ··········· 089
　第一节　当代大学生心理教育的制度建设 ··············· 091
　　一、当代大学生心理教育制度建设现状 ··············· 091
　　二、当代大学生心理教育制度建设存在的问题 ········· 095
　　三、建设规范化大学生心理教育制度 ················· 097
　第二节　当代大学生心理教育的队伍建设 ··············· 105
　　一、当代大学生心理教育队伍的现状 ················· 106
　　二、建设专业化大学生心理教育队伍 ················· 108
　　三、我国大学生心理教育队伍的职业化之路 ··········· 115
　　四、当代大学生心理教育队伍建设困境 ··············· 119

## 第四章　当代大学生心理教育的内容、方法与途径　123
### 第一节　当代大学生心理教育的主要内容　125
一、当代大学生心理素质状况　126
二、当代大学生心理教育的主要内容　133
### 第二节　当代大学生心理教育的方法与途径　144
一、当代大学生心理教育的方法　145
二、当代大学生心理教育的途径　149

## 第五章　构建中国化大学生心理教育体系　159
### 第一节　中国化大学生心理教育的文化根基　161
一、中国文化的精神　161
二、中国人的精神　163
三、中国人的积极集体意识　165
### 第二节　中国化大学生心理教育的中国特色　167
一、心理教育与道德教育的历史渊源　167
二、当代大学生心理教育的中国特色　170
### 第三节　中国化大学生心理教育的实践路向　174
一、发展全人化　174
二、理念积极化　175
三、理论多元化　176
四、制度规范化　177
五、队伍专家化　178
六、内容人文化　178
七、方法现代化　179
八、途径整合化　180
九、评价综合化　180

# 绪 论

1978年12月22日,中国共产党第十一届中央委员会第三次全体会议在北京胜利闭幕,而中国改革开放的时代大幕由此拉开。从1977年起我国教育部决定对高校招生制度进行改革,恢复统一考试制度。1977年12月11日和1978年7月20日,分别有570万、590万名考生走进高考的考场。至此,我国的高等教育在历史的长河中经历了一段时间的停滞后走上了发展的快车道。

历史的车轮滚滚向前,进入20世纪80年代,世界格局风云变幻,和平与发展成为世界的主题,教育成为决定国家未来发展的战略大计。"百年大计,教育为本""教育要面向现代化,面向世界,面向未来"在彼时对每一个中国人来说几乎都是耳熟能详的标语和口号。"教育"被置于前所未有的崇高地位,"科学技术是第一生产力"成为中国人在改革开放初期的集体共识。

## 一、问题的缘起和研究意义

### (一) 问题的提出

1. 关注当代中国社会现代化的深切诉求

联合国一位专家曾预言:"从现在起到21世纪中叶,没有任何一种灾难像心理冲突一样,带给人们持久而深刻的痛苦。"心理学大师西蒙·弗洛伊德认为,社会的文明发展程度越高,人类的心理压力就越大。而美国社会学家阿历克斯·英格尔斯在《人的现代化》中曾指出,"如果一个国家的人民缺乏一种能赋予这些制度以真实生命力的广泛的现代心理基础,如果执行和运用着这些现代化制度的人,自身还没有从心理、思想、态度和行为方式上都经历一个向现代化的转变,失败和畸形发展的悲剧是不可避免的","任何一个国家,如果不经历一种国民心理和行为向现代化的转变,仅仅依靠引进技术、经济或社会制度,都不可能真正实现现代化"。(1) 现代人准备和乐于接受他未经历过的新的生活经验、新的思想观念、新的行为方式。(2) 准备接受社会的改革和变化。(3) 思路广阔,头脑开放,尊重并愿意考虑各方面的不同意见、看法。(4) 注重现在与未来,守时、惜时。(5) 强烈的个人效能感,对人和社会的能力充满信心,办事讲求效率。(6) 有计划地生活和工作。(7) 尊重知识。(8) 有可依赖性和信任感。(9) 重视专门技术,有愿意根据技术水平高低来领取不同报酬的心理基础。(10)乐于让自己和他的后代选择离开传统所尊敬的职业。对教育的内容和传统智慧敢于挑战。(11)相互了解、尊重和自尊。(12)了解生产及过程。① 可见，心理素质不仅是指一种心理状态，它更是社会现代化发展所需要的一种现代观念和现代能力。对于许多人来说，心理健康不仅仅意味着没有心理疾病，不仅仅预示着心理咨询或心理治疗，也不仅仅只是一种健康指标，它更是作为一种现代观念和能力在现代人的实际生活中发挥着重要作用。

发展是当今时代的主题，有发展才有进步。人类已进入一个全新的时代——21世纪，每一个人都能感受到一种不同于以往的全新的价值理念和生存体验，时代的脉动对人类心灵的冲击和震撼也是以往任何一个时代所不能比拟的。当今社会科技发展日新月异，社会生活起伏跌宕，生存竞争激烈纷呈、价值观念多元共存，还有生态、能源、环境、人口等诸多问题，严峻的生存现实导致人类整体心灵的异化与畸变。于是，对人心灵的关注和呵护成为令人瞩目的热点问题，这也是一个非常现实的教育问题。传统教育较少关注人的心理教育及其心理健康问题，当今教育则无法回避来自现实的挑战和需要——呼唤对心理健康、积极向上、全面发展的时代新人的培育已成为当下教育的主题，这也是心理教育得以产生、发展、壮大的人力、物力、精神方面的社会基础和动力源泉。

在实现中华民族伟大复兴的征途中，江泽民同志指出："一个民族的新一代没有强健的体魄和良好的心理素质，这个民族就没有力量，就不可能屹立于世界民族之林。"因而，从某种意义上说，人类能否掌握这个时代关键在于能否掌握自己！当今时代，对人的心理潜能的认识愈益深入，珍视人的价值的呼声也日益高涨，更为重要的是现代人已置身于日益复杂的社会情境中，人们需要心理教育以开发心理潜能，消除社会适应中的心理问题，从而更好地生存发展，实现人生价值，使人生更富有意义。

2. 因应当代大学生成长、成才的深情呼唤

现代化社会是人才竞争的社会，人才竞争的基础是心理素质的竞争，人才心理素质的优劣将会成为评价21世纪高等教育质量的重要指标。已有研究证明，在个体素质结构中，各种素质的形成都要以个体的心理素质为中介和基础。勇于探索、敢于竞争、善于合作、富于创造已成为21世纪人才的基本要求，这些

---

① 英格尔斯.人的现代化[M].殷陆君，译.成都：四川人民出版社，1985：4.

品质都与良好的心理素质密切相关。良好的心理素质是提高个体整体素质的"阿基米德支点"。国际21世纪教育委员会向联合国教科文组织提交的报告《教育——财富蕴藏其中》中提出了教育的四个支柱:学会认知、学会做事、学会共同生活、学会生存。这四个方面都蕴含着心理素质的重要性。

邓小平同志在20世纪80年代末指出"科学技术是第一生产力"。我国高等教育担负着培育具有"第一生产力"素质的人才的重任。在改革开放的时代潮流中,高等教育积极响应素质教育的要求,在三个面向——"面向现代化,面向世界,面向未来"——方针指引下,锐意改革,积极进取。

20世纪80年代,我国社会步入改革开放时期。处于社会、经济转型时期,人们心理上的动荡、矛盾、不适应等问题日益突出,而处于"象牙塔"中的"天之骄子"——大学生,也在所难免。1989年,原国家教委曾对全国12.6万名大学生进行抽样调查,结果表明大学生心理疾患率高达20.23%。[①] 1999年10月,全国第六届大学生心理咨询交流会资料显示:精神疾病和严重心理障碍者占大学生总人数的0.7%,一般心理障碍即有轻度心理失调的占6%~7%,一般心理问题主要是适应问题的占10%左右,三者加起来共计17%左右。据统计,大学生中因心理健康问题退学的人数占总退学人数的30%左右。[②] 而近年来频繁发生的大学生负面、恶性事件:如2004年2月马加爵事件;2006年2月华南农大一周内3位大学生先后自杀;2010年10月药家鑫事件;2013年4月,复旦大学研究生投毒事件……人们在震惊、困惑之余陷入了深深的思索。正是在对年轻一代的生存境遇的深刻反思中,心理教育的理念逐步凸显出来,并自觉地转化为心理教育实践。

大学阶段是个体快速成长的时期,在这个时期里,由于青年期心理发展的特殊性,大学生面临着第二次"心理断乳"的诸多考验,面临着独挡生活方方面面的问题。由于我国过去的独生子女政策,家长们对孩子一贯无微不至地照顾、超限满足各种需要,孩子就容易出现生活自理能力差、情绪调节能力弱、心理冲突多,而耐挫力较低的心理现象。从某种意义上讲,大学生产生一定的心理问题也正是他(她)要有所作为,渴望有所成就所付出的努力和代价。人的成长不但包括生理的成熟,而且蕴涵着心智的健全。对于大学生而言,他们更渴

---

① 马绍斌.心理保健[M].广州:暨南大学出版社,1995:9.
② 卢爱新.我国大学生心理健康教育发展研究[D].武汉:华中师范大学,2007.

望在心灵方面获得成熟和发展,期盼自己成长和成才。心理教育是作用于人的心理机能,开发人的心理潜能,促进人的心理成长的教育。根据人本主义心理学家的观点,每一个人都有无限的发展潜能及其自身的价值;潜能决定价值,潜能的发挥就是价值的实现。但人的潜能的发掘与价值的实现不是自发完成的,是需要精心培育的,正如心理学家埃里希·弗洛姆所言:"如果我们说,种子现在已潜伏着树木的存在,那么,这并不意味着每一粒种子势必会长成一棵树。潜能的实现有赖于一定的条件,例如,在种子这种情况下,条件就是适当的土壤、水分、阳光等。"[①]如果把大学生比作种子,那么能够给予他(她)"适当的土壤、水分、阳光等"的就是大学生心理教育!

### (二)选题的意义

1. 有助于建设和谐社会,实现时代发展主题——中国梦

"您幸福吗?"这句问话在 2013 年曾一度走红网络,哈佛大学的"幸福课"也一度受国人追捧,"幸福感"也一度成为我国各大城市盘点的排行指标。2003 年 10 月,中国共产党第十六届中央委员会第三次全体会议提出以人为本为核心的科学发展观;2004 年 9 月 19 日,中国共产党第十六届中央委员会第四次全体会议上正式提出了"构建社会主义和谐社会"的概念。2005 年以来,中国共产党提出将"和谐社会"作为执政的战略任务,"和谐"的理念成为建设中国特色社会主义过程中的价值取向。"民主法治、公平正义、诚信友爱、充满活力、安定有序、人与自然和谐相处"是和谐社会的主要内容。2006 年 10 月,《中共中央关于构建社会主义和谐社会若干重大问题的决定》中提出心理和谐对建设和谐社会的重要性的观点;2010 年,时任国务院总理温家宝在春节团拜会语重心长地说:"我们所做的一切,都是为了让人民生活得更加幸福,更有尊严。""活得有尊严""过体面的生活"一时成为街头巷尾的热议话题。2013 年 7 月 9 日,习近平总书记在"五四"讲话中强调:中国梦是每个中国人的梦想,也是每个青年人的梦想。以人为本(2003 年)—和谐社会(2004 年)—心理和谐(2006 年)—尊严幸福(2010 年)—中国梦(2013 年)……在我国政府关注人、尊重人的思想发展历程中无不折射着"心理教育"的光辉。

---

① 弗洛姆.自为的人[M]//弗洛姆文集.冯川,等译.北京:改革出版社,1997:233.

**2. 有益于推动高等教育继续深化改革，实现国家人才强国的战略目标**

20 世纪 70 年代末，我们打开了国门，看到了门外各种各样的风景，人们纷纷"走出去"或"引进来"。经历了 40 多年的各行各业的全面改革开放之后，我国一跃成为世界第二大经济体。"百年大计，教育为本"，高等教育在改革开放的时代背景下，更要走在前列，成为时代发展和社会进步的引领者和助推力。

根据党的十七大关于"优先发展教育，建设人力资源强国"的战略部署，为促进教育事业科学发展，全面提高国民素质，加快社会主义现代化进程，2010 年我国制定《国家中长期教育改革和发展规划纲要（2010－2020 年）》（以下简称纲要）。纲要指出目前高等教育发展已进入大众化阶段，我国未来发展、中华民族伟大复兴，关键靠人才，基础在教育。坚持以人为本、全面实施素质教育是我国教育改革发展的战略主题之一，这是贯彻党的教育方针的时代要求，其核心是解决好培养什么人、怎样培养人的重大问题，重点是面向全体学生、促进学生全面发展，着力提高学生服务国家服务人民的社会责任感、勇于探索的创新精神和善于解决问题的实践能力。此外我们还要坚持德育为先、能力为重、全面发展的教育战略。全面加强和改进德育、智育、体育、美育、劳育。促进德育、智育、体育、美育、劳育有机融合，提高学生综合素质，使学生成为德智体美劳全面发展的社会主义建设者和接班人。

**3. 有利于促进大学生健康成长、全面成才的心理需要发展**

> 那是最好的年月，那是最糟的年月；
> 那是智慧的时代，那是愚蠢的时代；
> 那是信仰的新纪元，那是迷茫的新纪元；
> 那是光明的季节，那是黑暗的季节；
> 那是希望的春天，那是绝望的冬天；
> 我们将拥有一切，我们将一无所有；
> 我们直接上天堂，我们直接下地狱。
>
> ——（英国）查尔斯·狄更斯[①]

---

① 狄更斯.双城记[M].石永礼,赵文娟,译.北京:人民文学出版社,1993:1.

这是英国作家查尔斯·狄更斯在《双城记》里对那个时代的"诗意"概括，而对于当代大学生而言，这却是大学生活的真实写照。大学生处于青年心理学界定的"青年中期"，这是美国心理学家霍尔（S. Hall）所谓的"疾风怒涛"（storm and stress）的时期：人生航行途中疾风怒涛般的不平静、动荡不安的时期——情绪不稳、易于激动、烦躁、不安，对外界及自身易产生怀疑、不信任等。这也是精神分析学派埃里克森（E. Erikson）人格发展八阶段中的"自我同一性"（self-identity）形成时期：所谓自我同一性是一种熟悉自身的感觉，一种知道个人未来目标的感觉，一种从他（她）信赖的人们中获得所期待的认可的内在自信。在当代的背景下，这更是"第二次心理断乳期"（the second psychological weaning period）。第一次心理断乳期是初中时期，主要表现是"心理逆反"，而第二次心理断乳期是自我独立的全面代言：追求自由，追逐理想，独立思想开始萌芽，自主人格逐渐形成。由于社会的发展、时代的进步，当代青年的生理性成熟趋前，而心理性成熟却相对滞后，因而上述心理学家的理论虽然在年龄的界线上略有不同，但对解读当代大学生的心理危机都有异曲同工之妙。

随着时代的发展，科学技术的进步，社会发展由注重科学素质向崇尚科学、人文素质并重发展；人们从工业经济时代走向了21世纪的知识经济时代。而当代大学生也摆脱了"单向度的人"的发展观，积极追求自我发展，努力实现自我价值，形成"全人"发展观。在"疾风怒涛"的青春岁月，在个体的心理成长和发展迅速的时期，心理教育是大学生健康成长、全面成才的心理发展的迫切需要，它在大学生心理素质的发展中起着举足轻重的作用。

## 二、当代大学生心理教育研究综述

20世纪90年代中后期，国家对学校心理教育的科学研究给予了更多的关注。仅在"九五"期间，向全国教育科学规划领导小组申报的有关心理教育方面的课题就多达70余项，属于原国家教委重点课题的心理教育类项目多达10个以上，堪称前所未有。国内许多教育报纸杂志开辟了心理教育专栏或发表了心理教育方面的研究成果，经常组织心理教育的专题讨论。学术团体定期或经常性举办心理教育学术研讨会，基本上形成了全国性的学术交流和研讨气氛。目前这一领域研究的热潮此起彼伏,持续不断。[1]

## (一)关于心理教育概念的界定

1. 心理教育概念正名

从实践层面看,我国大学生心理教育自诞生以来就有多种称谓,如心理健康教育、心理素质教育、心理卫生教育、心理辅导与教育、心理辅导、心理咨询、心理治疗等等。这些称谓出于对心理教育内涵的理解不同,认识上存在着一定的差异,因此它们在内涵上各有侧重。

(1) 心理健康教育与心理教育

"心理健康教育"是当下学校教育领域使用最广的概念,班华认为:"'心理教育'包括'心理健康教育',但心理教育有更为广泛的内容,心理健康教育只是其中的一个方面。"[2]"心理健康教育"只注重与心理健康有关的内容,是从心理疾病的预防角度来进行教育的,而心理疾病在大学生中虽不同程度地存在着,但不是主流。"心理健康教育"给人的感觉是涵盖的面太窄,像智力、意志力训练等内容就不宜包含在"心理健康教育"中。而"心理教育"则相反,它的内涵和外延都超越了"心理健康教育",可以说是"心理健康教育"的上位概念。

(2) 心理素质教育与心理教育

燕国材在《论心理素质及其教育》一文中说:自20世纪80年代以来,我国逐步地形成了这么几个概念,即心育、心理教育、心理素质教育、心理健康教育。[3] 我以为,这四个业已通行的概念,基本上是一致的。如果编写有关辞典要收录四个词条时,就应当以心理教育为主条,其余为不必释义的参见条。由此,可以说,"心理教育"等同于"心理素质教育",是"心理素质教育"的简称。

(3) 心理辅导与心理教育

从方式、方法和内容等方面来看心理辅导与心理教育,有以下几点区别:①辅导是自下而上的,服务意识浓;而教育是从上而下的,教学意味重;②辅导

---

[1] 崔景贵.我国学校心理教育的发展历程、现状与前瞻[J].教育理论与实践,2003(5):56-60.
[2] 班华.我的心理教育理念[J].内蒙古师范大学学报(哲学社会科学版),2005(1):5-8.
[3] 燕国材.论心理素质及其教育[J].云梦学刊,2000(3):71-75.

是由内向外的,注重学生内在需求的满足和内在潜能展现;而教育是由外向内传授的;③辅导关注的是每个学生的具体问题,重视个别差异和个别化对待;而教育则比较关心学生中共同存在的问题,重视共同性;[①]④辅导注重采用心理咨询的技术来处理心理的问题,而教育关注撷取适当的心理学理论去解读和疏导精神困惑。

(4) 心理卫生教育、心理辅导与教育以及心理辅导、心理咨询、心理治疗

这五者都可以看作心理教育的种概念。从教育与辅导、咨询、治疗的关系上来看,四者的区别如下:

①从对象上讲,教育、辅导以正常学生为主;咨询以有轻度、中度心理问题的正常人为主,治疗则主要是面对有心理疾患的人。

②从目标上讲,教育与辅导重在心理素质的发展与心理问题的预防;而咨询与治疗重在心理障碍的矫治和人格的重塑。

③从内容上讲,教育特别重视大脑的认知理性功能;而辅导、咨询、治疗则更重视心理的情感处理、自我领悟和人格重塑。

④从时间上看,教育可以是长期的、终身的;而辅导与咨询可以伴随整个受教育过程,但治疗则总是有一个明确的或长或短的时限。

⑤在活动方式上,教育主要以团体活动为主,从上而下地进行;而辅导、咨询与治疗多是以面对面的个体方式为主,平等协商地进行。

⑥在方法采取上,教育的方法多是结构化的,具有计划性,但欠缺灵活性;而辅导、咨询与治疗则是非结构化的,富有弹性、因人而异。

基于上述理由和行文的方便,本书统一采用"心理教育"概念并囊括以上诸称谓的内涵。

2. 心理教育概念划分

概念是思维的起点,是人们进行判断和推理的基本要素。对心理教育的不同界定,往往彰显出对心理教育内涵的不同理解。有关心理教育的界定至今还没有统一定论,概括起来主要有以下几种观点:

(1) 从心理教育的内容上区分有:

①素质论。班华把培养良好心理品质,包括个性心理品质的教育简称为

---

[①] 王福兰.近十年我国心理健康教育研究综述[J].教育理论与实践,2002(7):59-62.

心育。① 车文博认为，心理教育是"当代学校教育的重要组成部分之一，指学校的心理素质教育，包括正常的智力水平，稳定乐观的情绪，正确的接纳自我，坚强的意志品质，完整健康的人格，承受挫折的能力，人际交往的能力和适应环境的能力。心理教育宗旨在于开发潜能，促进发展，塑造人格，增进心理健康"②。

②心理论。申荷永和高岚认为："心理教育是一项新的事业，它以实现心理学自身的意义和价值为目标，以培养与完善人格，提高人们的心理素质，提高人们的生活质量为目的"。③"就心理教育而言，它的形式是'教育'，内容是心理学，是对心理健康的维护，对心理素质的培养，对生活质量的提高。"④

③教育论。陈中永根据国内外已有研究成果，对心理教育的内涵与外延做了更充分的阐述，包括以下九个方面：一是以思维教学与训练为中心的智力与创造力教育；二是学习能力与技能教育；三是适应能力教育（包括人格的完善教育和各种生活技能的训练）；四是个人与社会教育；五是心理学教学改革，开设新型心理学课程；六是人本主义教育研究；七是心理咨询与治疗技术的拓展应用；八是大众心理教育；九是各种专门用途的心理训练等。⑤ 沈贵鹏认为心理教育"是一种全新的教育形态"，"是旨在提高受教育者的心理机能、发挥心理潜能、增进心理成长的教育"⑥。

④系统论。张继如认为，心理健康教育是教育工作者通过多种途径并运用多种手段，从学生的心理实际出发，有目的、有计划地对学生心理的各个方面进行积极的教育和辅导，调节学生的心理功能，开发学生的心理潜能，促进学生个性全面而和谐地发展，提高学生学习效果和生活质量，维护和促进学生心理健康的系统工程。⑦

（2）从心理教育的形式上划分为：

①活动论。陈家麟认为，学校心理健康教育是以心理学的理论和技术为主

---

① 班华.心育刍议[J].教育研究,1991(5):28-33.
② 车文博.心理咨询大百科全书[M].杭州:浙江科学技术出版社,2001:65.
③ 申荷永,高岚.心理教育[M].广州:暨南大学出版社,1995:16.
④ 申荷永,高岚.心理教育[M].广州:暨南大学出版社,1995:32.
⑤ 陈中永.心理教育学论[J].内蒙古师范大学学报(哲学社会科学版),1989(3):7-13.
⑥ 沈贵鹏.试论心理教育目标的厘定[J].当代教育科学,2003(11):15-16,19.
⑦ 张继如.大学生心理素质教育[M].呼和浩特:内蒙古大学出版社,2003:13-14.

要依托,并结合学校日常教育、教学工作,根据学生生理、心理发展特点,有目的、有计划地培养(包括自我培养)学生良好的心理素质,开发心理潜能,进而促进学生身心和谐发展和素质全面提高的教育活动。[1]

②结合论。郭亨杰认为:学校心理教育"是一种以心理学的原理和方法技术为主要依托并结合学校日常教学工作,有目的、有计划地培养学生良好心理素养的教育"。

③建构论。郑和钧认为:"心理教育是教育者有意识、有目的、有计划地对受教育者的心理施加影响与受教育者心理的自主构建相互作用,从而培养受教育者良好的心理素质,增强其心理机能,开发其心理潜能,发展其个性的教育。"[2]

④过程论。即把心理教育作为一种教育过程来界定。吴汉德认为,大学生心理健康教育指教育者根据大学生身心发展的特点和成长的规律,遵循一定的心理健康的要求,通过向大学生普及心理保健知识,传授心理保健技能,培养大学生良好的心理品质和健全的个性,增强其面对未来可能受到心理冲击的适应力,促进其心理健康发展的过程。

### (二)关于心理教育模式的研究

1. 三模式论。时长江在《论高校学生心理教育模式的构建》一文中提出了心理健康教学、咨询和研究三位一体的心理教育模式。[3] 张东红在《中国学校心理健康教育近十年研究综述》中归纳我国学者对心理教育模式进行的探索主要有三种模式。(1)医学模式:重在症状治疗和人格重建;(2)咨询辅导模式:重视探讨心理问题及其处置;(3)教育模式:重在教育、预防和发展。[4]

2. 四模式论。黄国萍、宋文香的《大学生心理健康教育本土化研究综述》一文从学科的角度出发总结在心理教育理论和实践中,最早采用的心理教育模式有四类:医学模式、社会学模式、教育学模式和心理学模式。[5]

---

[1] 陈家麟.学校心理健康教育:原理与操作[M].北京:教育科学出版社,2002:29.
[2] 郑和钧.学校心育系统协同构建的理论与实践[M].长沙:湖南师范大学出版社,2000:8.
[3] 时长江.论高校学生心理教育模式的构建[J].黑龙江高教研究,2004(7):68-70.
[4] 张东红.中国学校心理健康教育近十年研究综述[J].社科纵横,2006(9):154-155,157.
[5] 黄国萍,宋文香.大学生心理健康教育本土化研究综述[J].太原大学学报,2007(9):95-97.

3. 五模式论。徐晓芳等人在《当代大学生心理健康教育实践模式的构建》中提出五种心理教育模式:(1) 教、学、研三结合模式;(2) 心理训练模式;(3) 心理干预模式;(4) 自主教育模式;(5) 全面预防模式。① 沈贵鹏在《五种心理教育模式探析》中提出了心理—道德教育模式、情感教育模式、情境教育模式、青春期心理教育模式和协同教育模式。②

4. 六模式论。李翠云、永春在《心理教育模式的演变及其多元整合》中指出,从心理教育的主要载体和基本途径来探索的心理教育模式主要有六种,即课程模式、活动模式、渗透模式、青春期模式、矫正模式、管理模式。③

5. 七模式论。朱韶晖、马前锋《我国心理健康教育思想与模式综述》一文认为目前我国学校心理教育的模式有:(1) 学校—家庭—社会结合模式;(2) 行为表现—认知取向—人格培养模式;(3) "预防—辅导"心理教育模式;(4) "一体两翼"的心理教育模式。(5) 生理—心理—社会—教育协调作用的整合模式;(6) 多维立体心理教育模式;(7) "三级预防"的模式。④

6. 整合模式论。张大均在《加强学校心理健康教育培养学生健全心理素质》一文中认为我国心理健康教育较为理想的选择,是实施"生理—心理—社会—教育"协调整合模式。⑤ 崔景贵在《心理教育模式的建构与整合》一文中也持心理教育整合模式论:(1) 心理教育协同发展模式;(2) 生理—心理—社会—教育协调作用模式;(3) 心理辅导模式;(4) 心理教育"四结合"模式;(5) "群星拱月"的心理教育"三全"模式;(6) 渗透式心理教育模式;(7) "四结合"全方位、立体式心理教育模式。

7. 和谐心理教育模式论。王艺以VTP(Value—Theory—Practice)系统分析模型作为其逻辑框架,这种教育模式构建的核心价值取向是和谐,理论基

---

① 徐晓芳,郭德华,夏玲,等. 当代大学生心理健康教育实践模式的构建[J]. 教育科学,2006(5):90-92.
② 沈贵鹏. 五种心理教育模式探析[J]. 教育科学研究,2004(5):43-46.
③ 李翠云,永春. 心理教育模式的演变及其多元整合[J]. 内蒙古农业大学学报(社会科学版),2006(4):11-13.
④ 朱韶晖,马前锋. 我国心理健康教育思想与模式综述[J]. 青海师范大学学报(哲学社会科学版),2006(6):131-134.
⑤ 张大均. 加强学校心理健康教育培养学生健全心理素质[J]. 河北师范大学学报(教育科学版),2002(1):17-23.

础是积极心理学思想,实践依据是大学生幸福感的发展特征。①

还有学者提出大学生心理教育的生态干预模式,即学校实施综合的心理教育,将包括心理教育资源在内的各种资源有效地结合起来,对学生进行全方位的心理干预。

总之,心理教育模式是不断发展变化的,是开放的、发展的、进化的。初级的心理教育模式中孕育着高级的心理教育模式,高级的心理教育模式有待发展到更高级的模式。探寻和建构一个更理想、更合适的心理教育模式,是一个长期的实践过程。在研究和构建心理教育模式时,我们必须同时考虑到:第一,要确立科学的心理教育观;第二,要不断提高实际工作者的素质水平;第三,要建立科学的心理教育规划和制度。只有将这几方面的工作与建立健全组织机构有机地结合起来,心理教育模式才能发挥它应有的作用和功能。②

### (三) 关于心理教育目标的研究

1. 保健防治观。健康与心理健康的标准是随着人类社会的发展而发展的。从关心生理健康到关注心理健康,人类经过了漫长的历史发展过程。张东红总结学校心理教育目标的第二种观点是,学校心理教育的目标在于心理保健,他们从学生的心理健康与学生的身体、生活和学习的关系出发,认为学校心理教育的目标在于促进学生的心理健康,因而在具体活动过程中,重咨询、辅导以消除学生个体在认识、情感、人格和行为方面的不健康因素,从而极大地提高个体心理健康水平。③

2. 潜能开发观。张东红总结学校心理教育目标的第一种观点是,学校心理教育的目标在于开发学生各方面的心理潜能,促进学生认识机能、情感机能和人格的发展和完善,因而需要对学生心理发展的各个方面进行训练和开发,如思维训练和自信心训练等。④

3. 自我适应观。张东红认为关于学校心理教育的目标第三种观点是,学校心理教育的目标在于提高学生的自我意识和社会适应水平,通过教育,使学

---

① 王艺.大学生和谐心理教育模式探究[J].教育理论与实践,2009(4):12-14.
② 崔景贵.心理教育模式的建构与整合[J].现代教育科学,2004(1):52-55.
③ 张东红.中国学校心理健康教育近十年研究综述[J].社科纵横,2006(9):154-155,157.
④ 同上。

生懂得如何使自己减少与社会、家庭及他人之间的冲突,注重学生自我意识、行为调节能力及社会交往和适应能力的培养。①

4. 积极心理观。"心理教育的目标就是要优化人的心理机能,提升人的精神品质,形成和谐人格,为人生幸福服务。"②班华这种对心理教育目标的界定折射出浓浓的积极心理学的理念。

5. 多元融合观。沈贵鹏认为心理教育目标是多元融合的:融预备生活与进行生活为一体的目标;融人文精神与科学精神为一体的目标;融共性与个性为一体的目标;融现有发展水平与新的发展水平为一体的目标。③

6. 协调统一观。陈家麟认为在构建心理教育目标体系时,应坚持社会规范和个人需要相协调;现实性与超越性相结合;抽象性与操作性相兼顾;整体性与系统性相统一。④

7. 三级功能观。马建青将高校心理教育目标分为初级功能(预防心理障碍)、中级功能(完善心理调节)、高级功能(促进心理发展)等三级功能。其总目标是全面提升大学生的素质,充分发挥学生自我潜能,达到终极自我实现目标。⑤

## (四) 关于心理教育内容的研究

2001年3月教育部《关于加强普通高等学校大学生心理健康教育工作的意见》(教社政〔2001〕1号)明确指出,高等学校大学生心理健康教育工作的主要内容是:宣传普及心理健康知识,使大学生认识自身,了解心理健康对成才的重要意义,树立心理健康意识;介绍增进心理健康的途径,使大学生掌握科学、有效的学习方法,养成良好的学习习惯,自觉地开发智力潜能,培养创新精神和实践能力;传授心理调适的方法,使大学生学会自我心理调适,有效消除心理困惑,自觉培养坚韧不拔的意志品质和艰苦奋斗的精神,提高承受和应对挫折的能力,以及社会生活的适应能力;解析心理异常现象,使大学生了解常见心理问

---

① 张东红.中国学校心理健康教育近十年研究综述[J].社科纵横,2006(9):154-155,157.
② 班华."心理教育理念"再议[J].江苏教育学院学报,2005(5):33-35.
③ 沈贵鹏.试论心理教育目标的厘定[J].当代教育科学,2003(11):15-16,19.
④ 陈家麟.学校心理健康教育:原理、操作与实务[M].北京:教育科学出版社,2010:92-93.
⑤ 樊富珉.大学生心理教育与心理咨询研究[M].北京:北京航空航天大学出版社,2001:13-14.

题产生的原因及主要表现,以科学的态度对待各种心理问题。2005年1月教育部、卫健委、共青团中央联合发出《关于进一步加强和改进大学生心理健康教育的意见》(教社政〔2005〕1号)指出,要加强大学生心理健康教育工作,促进大学生全面发展,在加强和改进大学生心理健康教育的任务中重申了上述内容。

依据教育部的指导,学者们对大学生心理教育的内容开展了各种具体的研究,可谓百花齐放、百家争鸣。概括起来,主要从大学生自我概念、人格、情绪、人际关系、恋爱与性、生涯规划、需要、动机、压力、适应等——生物因素和社会因素与心理健康的关系——来进行研究。大学生网络成瘾、生活事件、主观幸福感、生涯规划、健康人格等一度成为研究的热点和关键词。这些研究从实践和操作的层面对大学生心理教育都具有指导价值和意义,都推动了大学生心理教育研究向纵深发展,向更高的水平迈进。但是也存在一些问题:重复性研究、低层次研究较多,研究的目的具体而微,难免有为了研究而研究的嫌疑。

### (五) 关于心理教育与道德教育的关系研究

1. "大心育"观

这个观点主要来自国学大师王国维,目前在所谓的"专业人士"群里还有拥趸。王国维在《论教育之宗旨》一书中认为心理教育是智育、德育、美育的上位概念,心理教育包括智育、德育、美育。

2. "大德育"观

有学者认为心理教育是广义德育的一个组成要素,即广义德育由政治教育、思想教育、道德教育(狭义)、心理教育四个方面组成。[1] 这个观点得到许多德育专家、德育工作者和兼职心理教育工作者的赞同。钱焕琦、樊富珉、黄希庭等学者都持这个观点。[2] 而且这个观点在一定程度上得到教育部的认同和肯定。

3. "心德结合"观

有学者认为,从德育的视角来看,心理教育给日益受到严峻挑战的德育注入了新的活力,心理教育对人生发展的作用使其成为德育不可缺少的组成部

---

[1] 班华,崔景贵.心理教育与道德教育关系研究综述[J].当代教育论坛,2003(7):38-41.
[2] 钱焕琦,刘启珍.中国大学生心理健康教育[M].南京:南京师范大学出版社,2007:104.

分。加强德育与心理教育的联系,使德育与心理教育融为一体,是现代德育的发展方向。从心理教育的角度来看,在主体性发展、整体性发展、现代素质发展、道德心理能力发展、人格发展等方面,心理教育发展观与德育发展观在方向上是一致的,两者的结合点是促进个体的道德健康、人格完善发展,这种共同的发展观使心理教育成为现代德育的基础。

4."心德独立"观

有学者认为,心理教育与道德教育在多方面存在显而易见的区别:理论基础不同,具体任务不同,基本内容不同,采用方法不同,运作机制不同。主要表现在两个方面:第一,道德教育是解决政治方向、思想倾向和道德价值观念的问题,解决人的社会倾向问题,而心理教育主要是帮助学生认识自己,认识自己与社会的关系,发展潜能,使学生更好地适应学校、家庭和社会。第二,在道德教育中,我们是把学生当作社会关系中的一个社会角色来要求的;在心理教育过程中,我们是把学生当作人际关系中的一个具体的人来要求的。[①] 因此,心理教育与道德教育既不能混为一谈,也不能相互替代。

5."心德互补"观

马建青认为,心育与德育有联系、有区别,具有互为补充、互相结合的内在必然性,在教育目标上虽然心育与德育各有侧重,但"在终极目标上两者都是为了促进人格的健康和完善,促进人的全面发展";"在内容上有部分重叠……两者的某些内容有较大的一致性";"在方法上都将遵循人的心理行为的发展规律"[②]。

6."心德整合"观

在素质教育观、系统整体观、减负增效观和科学发展观等理念的策动下,对心理教育与道德教育可以在"目标、师资、途径、评价"等方面进行整合。[③] 学者们"从分化、冲突、整合三个角度、层面探讨了两者间的辩证关系,提出对待心理教育与道德教育两者关系的科学态度是肯定两者的共通性,保持两者的差异性,注意两者的开放性;在实际工作中要肯定分化,但不要绝对化;正视冲突,但

---

[①] 班华,崔景贵.心理教育与道德教育关系研究综述[J].当代教育论坛,2003(7):38-41.
[②] 石变梅.心理健康教育与学校德育关系综述[J].教学与管理,2005(1):25-26.
[③] 蒋波.心理教育与道德教育整合的理念和机制[J].教育科学研究,2007(1):47-50.

不要扩大化;积极整合,但不要完全的'合二为一'"①。

目前"心理教育与德育二者之间既有差异性又有兼容性,这是大家有共识的"②。

### (六)关于大学生心理教育的对象研究

学者们以大学生的年级、性别、经济状况、兴趣爱好、生活习惯等为指标把大学生分为不同群体。根据已有研究成果,当代我国大学生心理教育的对象主要包括贫困生群体、网络群体、新生群体、毕业生群体、女大学生群体和研究生群体。

1. 贫困生群体

学者们对贫困生的研究主要有三个方面的内容:(1)高校贫困生心理特点、心理健康状况调查。多数研究者认为,高校贫困生独立性强、耐受力强、勤劳简朴、学习刻苦。但他们都存在程度不等的焦虑、自卑、孤僻、忧郁、敏感、嫉妒等情况,如果不善于自我调适,容易导致各种心理问题和心理障碍。(2)教育对策。有关贫困生心理教育的对策很多,总体上看,主要侧重从国家政策、学校制度、家庭经济、教育条件、校园环境、择业就业、生活学习等方面构建支持系统,加强对贫困大学生的经济支助和心理援助。(3)研究价值。对贫困生心理教育的研究价值主要体现在对社会和谐、公正,个体全面发展以及教育改革等方面的促进。如石云霞等人从全面发展的视角提出新时期高校要坚持以人为本,注重培育弱势学生群体的健全人格和健康心理,关注高校弱势学生群体的全面发展,以促进他们的健康成长。③

2. 网络群体

大学生网络群体包括经常使用网络但未迷失自我的大学生群体和网络成瘾的大学生群体。对于前者,研究者多从网络对大学生心理的影响、大学生网络行为的调查及应对措施等方面予以论述,主要观点如下。(1)大学生迷恋网

---

① 班华,崔景贵.心理教育与道德教育关系研究综述[J].当代教育论坛,2003(7):38-41.
② 郭亨杰.心育二题:心育反思和心理保健[J].江苏教育学院学报(社会科学版),2005(3):22-26.
③ 石云霞,李贵成,张莉.关注高校弱势学生群体的全面发展[J].思想理论教育导刊,2004(10):67-69.

络的主要原因:方便、快捷、自由、时尚、好奇、娱乐。(2)大学生的网络行为大体上包括:交友聊天、浏览信息、收发邮件、查阅资料、网络游戏、下载软件、欣赏节目等。(3)互联网络走进大学生的生活,对大学生的社会心理、认知心理、交往心理、情绪心理等都产生了巨大影响,应加强网络条件下大学生的心理教育。

我国台湾学者周倩(1999)根据国际卫生组织对"成瘾"的定义,将网络成瘾障碍定义为:"由于重复使用网络所导致的一种慢性或周期性的着迷状态,并带来难以抗拒的再度使用网络的欲望。同时产生想要增加使用时间的张力与耐受性以及克制、退瘾等现象,对于上网所带来的快感一直有心理和生理上的依赖。"白羽、樊富珉对台湾学者陈淑惠的《中文网络成瘾量表》进行了修订。崔丽娟、赵鑫用安戈夫方法设定《网络成瘾量表》。对网络成瘾的治疗从方法上分为认知行为疗法和药物疗法,从方式上分为个体、团体和家庭三种治疗方法。研究者认为,一些与低自尊、社交焦虑、抑郁相关的人格特征可能是促成网络心理障碍的诱因,如社交技能差、自信心低落,从而利用网络作为逃避的手段;缺乏学习动机、寻求外界认可、害怕被拒绝等可能是促成网络成瘾发生的诱因;高水平的厌倦倾向、孤独、社交焦虑及自我封闭等心理障碍发生的表象。

总之,我国学界对此领域的研究方法还较单一,测量工具、定性标准、处理方法等基础性问题还有待进一步研究和商榷。目前,此领域的研究成果集中在美国,其中匹兹堡大学K.Young的研究最为系统、全面和具操作性。

3. 新生群体

大学新生是高校里的一个特殊的亚群体,学者们的研究主要有两个方面:

(1)心理健康调查与分析

学者们主要采用症状自评量表、卡特尔16PF、艾森克人格问卷(成人版)和中国大学生心理健康量表、大学生人格问卷等对大学新生采取抽样调查,所选样本具有不同的属性,如工科生、艺术生、医学生、军校生等,学者们依据不同量表的评分标准和常模对被试的心理健康状况进行分析并提出教育对策。总的来说,这些调查分析性研究注重实证调查,采用科学的测量、统计方法进行分析,有显著的科学性、针对性,但由于调查对象有限,因而结果不具有普遍性。

(2) 自我认识与心理适应

大学新生的问题主要表现为对学习、生活、交往、自我定位等方面存在适应问题,并由此引发出一些不良心态。学者们认为,大学新生在生活应对、学习适应、自我认识、人际交往等方面存在困惑和不足,要从积极认识自我,努力促进自我的社会化进程,逐渐增加挫折耐受力,提高人际交往力等方面加以调适。

4. 毕业生群体

有关大学毕业生群体的研究主要集中在就业领域。具体来说主要有三个方面:(1)就业现状调查与影响因素、对策研究;(2)就业问题分析与就业能力、竞争力研究;(3)就业指导与就业制度、政策研究。赵兰芳在《大学毕业生常见就业心理问题及疏导》一文中指出,大学毕业生在就业时面临的心理危机有:角色转变时期引发的心理危机;就业体制和企业用工制度的矛盾引发的心理危机;就业期望值与社会需求矛盾引发的心理危机;学校的培养目标与社会需求矛盾引发的心理危机;经验缺乏及就业成本的增加引发的心理危机;学校就业指导工作不适应就业形势的变化需求引发的心理危机。对此,她认为疏导就业心理问题应该构建由社会、学校、学生参与的心理疏导机制;营造良好的就业环境,培养市场需要的人才;开展全程就业指导,培养学生正确的职业意识。[1]

5. 女大学生群体

学术界主要从生理、社会的视角对女大学生的特殊性进行研究。(1)生理视角方面:如月经;特殊运动(瑜伽、健美操);体重、着装等方面的心理健康问题研究;(2)社会视角方面:婚恋心理、性别心理、择业就业心理、人际关系等方面的研究。

6. 研究生群体

随着我国高等教育的发展,研究生教育从精英化走向大众化,学者们对研究生的心理教育愈发关注:(1)研究生心理健康调查与分析。(2)研究生心理教育策略研究。陈效宏和郑世良在《研究生心理健康状况、影响因素及

---

[1] 赵兰芳.大学毕业生常见就业心理问题及疏导[J].长春工业大学学报(高教研究版),2011(1):101-102.

对策的研究》一文中指出研究生的心理健康状令人担忧,主要表现为过度焦虑、孤芳自赏、交往障碍、学习吃力。社会环境因素、研究生个体的生理、心理因素都对这种状况产生影响,而我国研究生心理教育的工作和研究力度都较弱。[①](3)研究生心理教育研究。刘胜江、张大均在《论研究生心理健康教育》一文中对研究生心理教育的功能、现状、内容、原则、方式作了深刻的阐释,非常具有研究价值。[②]但从总体上说,我国研究生的心理教育研究在大学生心理教育研究领域中还是较薄弱的一块,这种状况与高等教育中研究生教育的发展非常不匹配。

### (七) 关于大学生心理教育队伍建设研究

关于队伍建设研究主要集中在两个方面,第一个方面又分为两个部分,一是队伍建设中存在的问题:1. 编制偏少,师生比严重不平衡;2. 工作超负荷,职业压力大;3. 整日忙于日常事务,无暇有深度地开展工作;4. 工作重心形式大于内容,有功利性、浮躁性倾向。[③]二是专、兼职队伍的建设,主要包括三个内容:1. 队伍人员构成,主要侧重于思想政治教育人员在大学生心理教育队伍中的力量及利弊分析,以及各学科背景人员在心理教育队伍中角色分配与协调[④];2. 队伍人员专业化素养,多数研究者认为,高校心理教育教师应具备心理学、教育学、医学为主的专业知识和相关学科知识素质,以及信息素质、多重实践能力素质、职业道德和人格素质,并指出稳定这支队伍对大学生心理教育的重要性。队伍建设研究的第二个方面体现在对学校心理教育工作网络队伍的建设研究上。目前,我国高校心理教育基本都已建成三级心理教育网络:学校有大学生心理教育中心,学院有院系心理教育分中心,班级有心理委员。对班级心理委员的研究是这个方面的特色。

---

① 陈效宏,郑世良. 研究生心理健康状况、影响因素及对策的研究[J]. 社会心理科学,2004(6):45-48.
② 刘胜江,张大均. 论研究生心理健康教育[J]. 学位与研究生教育,2003(8):12-15.
③ 冯铁蕾. 高校心理健康教育师资队伍现状及政策建议[J]. 湖北大学学报(哲学社会科学版),2008(6):125-129.
④ 佘双好. 思想政治教育工作者何以能够从事心理咨询[J]. 学校党建与思想教育,2004(10):11-14.

## （八）研究概况评析

目前，我国学者对大学生心理教育的内涵、目标、内容、模式、对象、制度等多个领域进行了多层次、多维度的探讨，但我国大学生心理教育研究仍处在探索和发展阶段，存在许多问题和不足，需要进一步深入研究与发展。

1. 当代大学生心理教育研究发展方面：我国大学生心理教育研究从无到有、由少至多、从零散到系统，经历了一个逐渐发展乃至繁荣的过程，研究成果呈逐年上升趋势，但重复性研究过多，创新性研究较少。部分对于心理问题的产生原因及对策研究千篇一律、大同小异，而对于新时期大学生心理状况、网络等新媒介的应用和开发则少有提及或浅尝辄止，缺乏具有系统性和前瞻性的研究。

2. 当代大学生心理教育研究形式方面：大学生心理教育的理论指导和学科基础过于单一，应加强哲学、教育学、心理学、医学、社会学、文化学、人类学等多学科的融合和多学科人员的通力合作，综合各学科之长，形成综合的心理教育研究力量。当代大学生心理教育的研究方法总体上呈实证和思辨两大模式，前者强调调查、数据、实验，以自然科学的研究方法为主；后者多以思辨、内省、解释及经验总结等人文科研方法为主。其实这是一种割裂式研究，实践与理论人为地被割裂开来，犹如两张嘴，各说各话，其结果是前者缺乏人文精神，后者则少了些科学精神。[①]

3. 当代大学生心理教育研究内容方面：现有的心理教育研究领域广泛，几乎涉及该领域的各个方面，但相对而言集中度较高，如专著类大多集中在教育领域，视野仍需开阔；论文类则以大学生心理健康状况测评和大学生心理健康工作研究为主，而在心理教育目标体系构建、心理教育队伍专业化建设、心理教育评价体系研究等方面还很欠缺。单一样本的研究多，协作研究少；单纯的实证研究或泛泛的理论探讨多，实证研究和理论研究密切结合的深入研究少；运用国外量表的研究多，用有中国特点自编量表的研究少；根据数据统计简单下结论的多，考虑文化背景因素深入分析问题和原因的少；研究学生群体的多，研究其他群体的少。

---

① 郭永玉.心理学欠缺人文精神　教育学欠缺科学精神[J].教育研究与实验，1995(4)：18-19.

从总体上看，当代大学生心理教育发展良好，"遍地开花"，但由于重复度高，研究零散，缺乏一定的理论深度和实践指导，仍然蕴藏着危机。因此，如何规避危险，抓住机遇，在新的时代背景下，在现有研究的基础上实现我国大学生心理教育进一步完善和发展，是值得我们思考的一个重要课题。

## 三、研究思路与研究方法

首先要申明的是，本书的研究对象是我国在改革开放之后的大学生心理教育，因此本书的研究思路、基本框架都紧紧围绕这一目标展开。

### （一）研究思路与基本框架

大学生心理教育是一个广阔的研究领域，如何选取研究的着力点是一个值得认真考虑的问题。在本书中，依据我国高校心理教育研究现状及对长三角地区高校心理教育专家的访谈和笔者的实践探索，主要从大学生心理教育内容和趋势两个方面、理论和实践两个维度予以论述。

可以说，寻求大学生心理教育的进一步发展，既是目前大学生心理教育发展现状的应有之义，也是大学生健康成长、成才和我国社会现代化进程的现实之需。本研究着力于实践，以大学生心理教育时间维度上的历史发展与现阶段我国大学生心理教育发展现状为研究基点，试图揭示我国高校心理教育未来发展的趋势，并进一步寻求大学生心理教育在质性维度方面的现代嬗变及如何与中国文化和中国高等教育体系相契合。

本研究共分为五章，主要按照大学生心理教育内部诸要素关系的逻辑理路来安排文章的结构：

绪论。主要包括本研究选题的缘起与意义、对当代我国高校心理教育研究现状的梳理与简要评析，以及对本研究思路、研究方法、研究的创新之处的简要介绍。

第一章：当代大学生心理教育的历史与现状。

本章从心理教育的概念入手，对国外学校心理教育的历史演进、理论流派及现状、国内当代大学生心理教育的发展及现状进行了梳理和总结。

第二章：当代大学生心理教育的理论依据。

本章从马克思主义心理观出发论述了当代大学生心理教育的人性观、基本原理和基本原则，指出有意识、有需要的现实的人是当代大学生心理教育的人性观；存在决定意识、以人为本、活动育人和自我成长是当代大学生心理教育的基本原理；当代大学生心理教育的基本原则应有形式和内容两个方面。

第三章：当代大学生心理教育的制度与队伍建设。

本章从机构制度建设和机制制度建设两方面论述了当代大学生心理教育的制度规范化建设问题；从结构化、职业化和学术化建设三个方面论述了大学生心理教育队伍专业化建设问题。

第四章：当代大学生心理教育的内容、方法与途径。

本章从宏观总括的视角探索了当代大学生心理教育的主要内容、方法与途径，提出自我认知教育、情绪管理教育、生涯辅导教育是当代大学生心理教育的主要内容；理论灌输法、情境引导法和实践体验法是当代大学生心理教育的主要方法；课程教学、心理活动、心理咨询和环境干预是当代大学生心理教育的主要途径。

第五章：构建中国化大学生心理教育体系。

本章从当代大学生心理教育体系的文化根基、中国特色、实践路向出发，构建了一个中国化的大学生心理教育体系，并指出中国传统文化中的心理学思想是当代大学生心理教育的文化根基，教育道德性是当代大学生心理教育最显著的中国特色，九条实践路向是当代大学生心理教育走向完善的中国化之路。

## （二）研究方法

本书主要采用了下述五种研究方法：

1. 文献解读法。为了达到研究目的，必须查阅和解读大量的文献资料，其中涉及心理教育方方面面的研究及我国历年相关的教育政策性文献。只有通过大量文献资料的解读，才能为研究的有效进行打好坚实基础。

2. 比较研究法。有比较才有鉴别、借鉴、发展和完善。本书的比较研究主要体现在以下方面：其一，中西方心理教育发展比较；其二，我国内地（大陆）与港台地区大学生心理教育发展比较；其三，中国人与西方人的心理比较；其四，我国大学生心理教育专业化、规范化发展比较等。

3. 系统分析法。所谓系统分析法，就是按照事物本身的系统性把对象放在系统的形式中加以考察的一种方法。用系统分析法研究我国大学生心理教育，一是将大学生心理教育自身视为一个完整的运行系统，从心理教育历史与现状、理论依据、制度与队伍建设、内容与方法、途径等几个方面对我国大学生心理教育的发展做全面把握；二是将大学生心理教育放在高等教育这一大的系统中，在二者的融合与互促中寻求大学生心理教育的进一步发展与提高；三是将大学生心理教育放在社会系统中加以考察，从社会、学校、家庭对大学生的影响及大学生心理教育与我国传统文化的相互影响中，探索我国大学生心理教育的中国化之路。

4. 结构访谈法。在访谈实施之前，采用了访谈话题列表的方法，即事先准备好一系列需要讨论的问题和议题，通过电子邮件发送给对方，在双方座谈时据此展开深度访谈。为了确保访谈信息的丰富与翔实，提前两周将访谈提纲以电子邮件的方式发送给受访对象，访谈中采取录音与笔录同时进行的方式。需要说明的是，本研究在访谈过程中存在一些不足。其一，仅在杭州四所、上海五所、南京七所高校进行了实地调研、结构访谈，其他许多发展较好的我国中西部高校没有被选作研究的样本；其二，访谈的对象均为各高校心理教育中心的专职人员、骨干教师；其三，笔者与同事均为大学生心理教育中心专职教师，对实践应用和硬件建设可能更为关注，在理论研讨和探索方面趋于薄弱，尤其在访谈中很少涉及。

5. 田野调查法。笔者和同事于2010年1月初，在长三角地区展开大学生心理教育的田野调查，历时半月余，走访了沪宁杭三地共十六所高校，与各高校的心理教育专家、教师畅所欲言并实地参观、体验了他们的心理教育成果和设施；2011年7月和2013年6月，笔者在出席第三届（澳门）和第五届（香港）"海峡两岸暨香港、澳门高校心理辅导与咨询高峰论坛"期间，与来自大陆（内地）和台港澳地区的同仁们展开交流，并实地调研了澳门大学和香港大学等高校的心理教育工作。

## 四、本研究的创新之处

在本研究的构思和写作中，体现了以下几方面的创新：

1. 对当代大学生心理教育理论研究进一步深化，提出当代大学生心理教育的四大基本原理：存在决定意识的原理、以人为本原理、活动育人原理和自我成长原理。

2. 对于当代大学生心理教育的队伍建设，首次区分结构化建设、职业化建设和学术化建设，并倡导对从业人员的"三本护照"，即人格护照、职业护照和学术护照进行继续教育和培养，而且认为在当代大学生心理教育的发展中法规化亟须建设。

3. 构建了一个中国化大学生心理教育的体系，认为中国传统文化是当代大学生心理教育的文化根基，教育道德性是当代大学心理教育最显著的中国特色，发展全人化、理念积极化、理论多元化、制度规范化、队伍专家化、内容人文化、方法现代化、途径整合化、评价综合化是当代大学生心理教育中国化的实践路向。

4. 对当代大学生心理教育与思想政治教育关系研究进行进一步丰富和拓展，指出当代大学生心理教育与思想政治教育的有机融合是其生机之路，同时提出了大学生心理教育与思想政治教育融合的十大关键词。

# 第一章

## 当代大学生心理教育的历史与现状

清代著名学者龚自珍在《古史钩沉论》中曾说:"欲知大道,必先为史。""历史"一词起源于希腊语 historia,其最初含义是讲故事、叙述。1880 年出版的《大英百科全书》写道:"历史一词在使用中有两种完全不同的含义:第一,指构成人类往事的事件和行动;第二,指对此种往事的记述及其研究模式。前者是实际发生的事情,后者是对发生的事件进行的研究和描述。"[1]本章从"历史"的这两层含义上去阐述当代大学生心理教育的历史与现状,让历史照进现实,使现实观照历史,历史与现实相映,现实与历史相延。

## 第一节 心理教育的概念

黑格尔曾说:"真正的思想和科学的洞见,只有通过概念所作的劳动才能获得。"[2]要研究当代大学生心理教育,我们必须首先探讨它的基本概念。

### 一、多学科视域中的心理教育

理查德·尼尔森认为:"心理教育绝非一元现象,它是一个广泛的术语,对于具有不同理论导向和不同工作的人有不同的含义。"[3]

#### (一) 教育学视域中的心理教育

班华 1987 年正式提出了心育问题[4],1991 年在《心育刍议》一文中把培养良好心理品质,包括个性心理品质的教育简称为心育;陈中永根据国内外已有研究成果,对心理教育的含义与外延做了更充分的阐述,包括以下九个方面:(1) 以思维教学与训练为中心的智力与创造力教育;(2) 学习能力与技能教育;(3) 适应能力教育(包括人格的完善教育和各种生活技能的训练);(4) 个人与社会教育;(5) 心理学教学改革,开设新型心理学课程;(6) 人本主义教育

---

[1] 张志伟,欧阳谦.西方哲学智慧[M].北京:中国人民大学出版社,2000:112.
[2] 黑格尔.精神现象学:上卷[M].贺麟,王玖兴,译.北京:商务印书馆,1979:48.
[3] 尼尔森.咨询心理学中的心理教育[J].陈中永,译.教育专题研究,1994(1):15-41.
[4] 崔景贵.我国学校心理教育的发展历程、现状与前瞻[J].教育理论与实践,2003(5):56-60.

研究;(7)心理咨询与治疗技术的拓展应用;(8)大众心理教育;(9)各种专门用途的心理训练等。① 这个观点极大地拓展并具体化了心理教育的工作范畴和内容,但教育的功能也蕴含在其中。

## (二)心理学视域中的心理教育

陈家麟认为:"所谓心理教育,就是有目的地培养(包括自我培养)受教育者良好的心理素质,调节心理机能,开发心理潜能,进而促进其德、智、体、美等整体素质的提高和个性的和谐发展。"②这一界定指明心理教育对人的整体素质的各个方面具有促进作用,是教育观念上的一种新发展。申荷永和高岚认为:"心理教育是一项新的心理学的事业,它以实现心理学自身的意义和价值为目标,以培养与完善人格,提高人们的心理素质,提高人们的生活质量为目的。""就心理教育而言,它的形式是'教育',内容是心理学,是对心理健康的维护,对心理素质的培养,对生活质量的提高。"③这一表述是从心理学视野对心理教育作出的明确界定,具有鲜明的心理学取向。

## (三)心理教育学视域中的心理教育

郭亨杰认为,学校心理教育"是一种以心理学的原理和方法技术为主要依托并结合学校日常教学工作,有目的有计划地培养学生良好心理素养的教育"。这一界定从心理学与教育学相结合的视野提出,认为心理教育的目标指向良好的心理素养,在当时是一种耳目一新的观点。

## (四)积极心理学视域中的心理教育

燕国材认为,心理教育是以培养心理素质和解决心理问题为基本目标的教育,包括心理培养、心理训练、心理辅导、心理咨询、心理治疗等。有两种形式:一是积极的心理教育,指培养心理素质,促进身心健康,这是占主导地位的形式;二是消极的心理教育,指解决心理问题,保持身心健康,这是处于辅助地位

---

① 陈中永.心理教育学论[J].内蒙古师范大学学报(哲学社会科学版),1989(3)教育增刊:7-13.
② 陈家麟.学校心理教育[M].北京:教育科学出版社,1995:4.
③ 申荷永,高岚.心理教育[M].广州:暨南大学出版社,1995:16,32.

的形式。① 这是他为《辞海》(1989年版·增补本)所写的关于"心理教育"的释文。这一表述既给心理教育下了简明的定义,提出了心理教育的目的与任务,又指出了开展这一教育的两种基本形式,其中蕴涵着浓浓的积极心理学思想的萌芽,还透露出了把心理教育、心理健康教育与心理素质教育三者视为一体的信息。

### (五)素质教育视域中的心理教育

车文博认为,心理教育是"当代学校教育的重要组成部分之一,指学校的心理素质教育,包括正常的智力水平,稳定乐观的情绪,正确的接纳自我,坚强的意志品质,完整健康的人格,承受挫折的能力,人际交往的能力和适应环境的能力。心理教育宗旨在于开发潜能,促进发展,塑造人格,增进心理健康"②。这一界定是从心理教育的基本内容和目标作出的,认为心理教育就是指心理素质教育。

### (六)建构主义视域中的心理教育

郑和钧认为:"心理教育是教育者有意识、有目的、有计划地对受教育者的心理施加影响与受教育者心理的自主构建相互作用,从而培养受教育者良好的心理素质,增强其心理机能,开发其心理潜能,发展其个性的教育"③。这一界定突出强调了受教育者心理发展的自主建构作用,这是一种发展性的心理教育。

## 二、心理教育的特征

古人云:名不正则言不顺,言不顺则事不成。本研究的论述一律采纳"心理教育"这一概念,是因为"心理教育"概念具有以下特征:

### (一)心理教育凸显价值理性

理性向生活世界的回归是20世纪人类精神的重要发展趋向。马克斯·韦

---

① 燕国材.论心理素质及其教育[J].云梦学刊,2000(3):74.
② 车文博.心理咨询大百科全书[M].杭州:浙江科学技术出版社,2001:65.
③ 郑和钧.学校心育系统协同构建的理论与实践[M].长沙:湖南师范大学出版社,2000:8.

伯认为，价值理性即"通过有意识地对一个特定的举止——伦理的、美学的、宗教的或做任何其他阐释的——无条件的固有价值的纯粹信仰，不管是否取得成就"①。也就是说，人们只赋予选定的行为以"绝对价值"，而不管它们是为了伦理的、美学的、宗教的目的，或者出于责任感、荣誉和忠诚等方面之目的。而工具理性即"通过对外界事物的情况和其他人的举止的期待，并利用这种期待作为'条件'或者作为'手段'，以期实现自己合乎理性所争取和考虑的作为成果的目的"②。工具理性行为者常常把外在的他人或事物当作实现自己目标的工具或障碍，其典型表现于人的市场行为。具体地讲，价值理性看重行为本身的意义和过程，而工具理性注重行为本身的目标和结果。在《心理教育理念再议》一文中，班华指出，心理教育"与凸显人的生命的哲学相呼应，富含时代的教育精神，体现当代哲学精髓"③。"心理教育"是以人为本哲学思想的体现，其概念蕴涵的价值理性是它超越于其他概念的优越性所在。

## （二）心理教育彰显主体发展性

个体心理的发展性是不言而喻的。埃里克森的人格发展八阶段论指出了在不同的年龄阶段，个体面临着不一样的心理任务、发展主题，譬如在大学这个阶段，大学生就面临着寻找同一性与获得亲密感或孤独感的心理发展任务。班华说："我们所说的心理教育，主要是从积极的、主体发展性教育的意义上说的，是强调心理活动主体的发展性、心理潜能的发挥。"④其概念蕴涵的发展性与其他概念的发展性不可同日而语。它的近亲"心理健康教育"就不止一次受到大学生们的质疑：我为什么要听心理健康讲座？难道我心理不健康吗？……教育就是触抚生命(Teaching is to touch a life)。以发展的眼光看待处于急速成长期的大学生，关注他们心理素质的发展，积极地关注他们的心理成长，这是教育的本质，亦是"心理教育"的应有之义。"心理教育"承载和体现着社会和心理学发展的新方向——和谐社会和积极心理学，它的主体发展性是其他概念所不具有的。

---

① 韦伯.经济与社会：上卷[M].林荣远,译.北京：商务印书馆,1997：56.
② 韦伯.经济与社会：上卷[M].林荣远,译.北京：商务印书馆,1997：56.
③ 班华.心理教育理念再议[J].江苏教育学院学报(社会科学版),2005(5):28-30.
④ 班华.我的心理教育理念[J].内蒙古师范大学学报(哲学社会科学版),2005(1):5-8,92.

## （三）心理教育突出视域融合性

从上文对心理教育概念的梳理中可以看出，许多不同学术专长的学者都在致力于心理教育的研究，但他们研究的侧重点又各有不同。如何统合大家的研究，涵盖已有的研究内容，是个值得思考的课题。时至今日，学者们对这一领域的"复杂性"愈来愈有共识：这既不独是心理学的事儿，也不独是教育学的事儿，还要把社会学、哲学、医学、文化学等都要考虑在内。崔景贵认为，心理教育是关注人类心灵世界的一种复杂系统，是关心人类心理生活的一种现代理念，是关照人类现代人性的一种新型教育，是关怀人类精神生命的一种崇高事业。[①]"心理教育"的这些"功能"要求对它的研究要突出视域融合性，而视域融合性恰恰是"心理教育"的属性：既有心理学性质又有教育学性质；心理学的"母亲"是哲学，心理学的父亲是"生理学"，而社会学和文化学等又与教育学有着千丝万缕的联系。因此说，"心理教育"突出的视域融合性是其他概念所不可比拟的。

## （四）心理教育注重系统整合性

"心理教育"概念蕴涵的价值理性、主体发展性和视域融合性决定了"心理教育"的系统整合性。"心理健康教育"、"心理辅导与教育"与"心理卫生教育"虽然同为"教育"，但它们的着力点在"健康"、"辅导"和"卫生"上，内容过于狭窄化，而"心理辅导""心理咨询""心理治疗"的"技术范儿"较足，对工具理性的注重和对人性的弱化是它们的共性。"心理教育"摒弃了它们的不足，注重系统整合性，保持一种开放、生态的学术胸怀，充满着兼容并蓄的和合精神。这是其他概念所不具备的优点，是它充满学术活力与生机的关键所在。

# 三、心理教育的内涵

心理教育是作用于人的心理机能，旨在优化心理品质，提升心理素质，促进心理健康，提高心灵幸福指数的教育活动，它具有以下内涵。

---

① 崔景贵.多学科视野中的心理教育[J].现代教育论丛，2004(2)：6-13.

### （一）心理教育是素质教育

燕国材在《论心理素质及其教育》一文中指出：(1) 心理素质是素质的基础；(2) 心理素质是素质的核心；(3) 心理素质是素质的归宿。"在实施素质教育的过程中，我们就必须采取'挽弓当挽强、射人先射马'的策略，重点抓心理素质的培养与提高。可以说，培养心理素质既是素质教育的目标，又是素质教育的手段。"[①]因此说，心理教育是素质教育的途径，素质教育是心理教育的旨归，因此心理教育可以被认为就是素质教育。但反过来，素质教育却不完全是心理教育。

### （二）心理教育是主体性教育，更是主体间性教育

关于主体间性可以理解为"主体合理表现自身的主体性与其他主体形成理解关系的主客观统一的特性"[②]。从某种意义上说，心理教育过程不只是教育者对受教育者进行教育的过程，更应该是受教育者主动接受教育、从而自我教育并且在与教育者的互动过程中接受教育、自我教育的过程。在心理教育过程中，理解与主体间性是相互内在的，没有理解的主体间性是不可思议的，而没有主体间性的人际理解同样是难以想象的。人们要真正相互理解，至少要做到平等对话、将心比心、消解"中心"，实现主体性与主体间性的统一，从而使自身主体性保持在既不过之、又无不及的合理范围内，建立和谐融洽、民主平等的人际关系。

### （三）心理教育是发展性教育

心理教育的发展性是其自身的发展性与教育对象的发展性的契合，是合目的性与合理性的融合。发展性是心理教育的积极品质，也是其不竭生命力的根基所在。邓小平说"发展才是硬道理"，当今时代的主题之一就是发展。那么，对于大学生心理教育而言，坚持心理教育的发展性，是顺应时代进步，满足大学生实际需求的必然选择。

---

① 燕国材.论心理素质及其教育[J].云梦学刊,2000(3):71-75.
② 熊川武.论后现代主义观照的教育主体现代化[J].华东师范大学学报（教育科学版）,1998(4):8-16.

### （四）心理教育是基础性教育

心理素质是素质的基础；心理教育不但是基础教育的基础，而且也是高等教育的基础；心理教育是所有学科教育的基础，"晓之以理，方能动之以情""心之官则思"，说的都是心理教育的基础作用。有教育界人士形容说："智育不好是次品，德育不好是危险品，身体不好是废品，心理素质不好则是易碎品。"可见心理教育的重要性，把它作为基础性教育一点儿也不为过。

### （五）心理教育是全人教育

心理教育是"全人教育"：一是心理教育的对象是全体学生，而不只是少数有严重心理问题的学生；二是心理教育的目的是学生心理的全面和谐发展，而不是片面的或单方面的发展，要实现智力因素与非智力因素、大脑左半球机能与右半球机能发展的协调统一；三是心理教育主体的全员化，即学校全体教师都应重视和参与心理教育；四是心理教育影响的全方位，坚持把课内心理教育和课外心理教育连为一体，把心理教育贯穿于学校工作的各个方面，贯通于学校教学、科研和管理的各个环节，坚持全方位、全时程的心理育人。[①]

## 第二节 西方学校心理教育的历史与现状

### 一、西方学校心理教育的历史演进

西方的学校心理教育起源于19世纪末，共经历了三次运动，每一次运动都极大影响了学校心理教育的发展。

第一次运动是特殊教育运动。19世纪末，人们已认识到智力落后儿童的特殊教育不但必要，而且可能。教育行政部门试图通过对智力落后儿童进行科学而宏观的评估，鉴别智力落后学生，并在特殊班级里对其进行特殊教育。因

---

① 崔景贵.学校心理教育的基本理念及其建构[J].思想理论教育，2003(1):65-67.

此，法国心理学家比奈(A. Binet)和西蒙(T. Simon)编制了最早的智力测验量表对儿童进行智力鉴别。自此以后，心理测验运动开始在学校范围内得以广泛开展，心理评估和心理诊断技术的发展，使学校心理教育沿着更科学化的方向发展。

第二次运动是19世纪末的职业辅导运动。最早的心理辅导工作者戴维斯(Tene B. Davis)等人掀起了一场帮助青年了解自己、认识周围世界的运动，以促使青年合理选择职业和发展方向。受这一运动的影响，1907年戴维斯在公立学校首创了系统的心理辅导计划，要求学校教师每周给学生上一次职业辅导课程，心理教育由此正式进入了学校。

第三次运动是心理卫生运动。20世纪随着大工业生产的发展，社会的剧变，心理疾病大量发生，通过有效途径预防心理疾病的发生，成了当时社会的需要。1908年，美国大学生比尔斯(C. W. Beers)根据自己患躁狂抑郁症住在精神病院的切身经历与体验写成了《一颗自我发现的心》(*A Mind That Found Itself*)一书，呼吁社会关注精神病患者，并在美国康涅狄格州成立世界上第一个心理卫生协会，其宗旨是"维护心理健康，防止精神疾病，改善精神病人待遇，普及心理疾病知识，与心理卫生有关的机构合作开展工作"。同年，早期最负盛名的职业辅导运动的代表人物、被誉为"心理辅导之父"的帕森斯(F. Parsons)在波士顿创办了职业局，开展针对青少年的职业辅导活动，成为现代心理辅导诞生的标志。从此以后，心理卫生运动和生涯辅导运动逐步蔓延全球。

在西方学校心理教育的发展过程中有三个功不可没的人物。1894年，比奈(A. Binet)创立了"儿童心理研究社"，制定了专门用于鉴别儿童智力发展水平的"比奈-西蒙智力量表"，首开了心理学应用于学校教育的先河，因此，比奈被尊称为"世界学校心理教育之父"。1896年，威特默(Lightner Witmer)在美国的宾夕法尼亚州立大学建立了全世界第一个儿童心理咨询诊所，开创了美国心理学为教育实践服务的先河，随后许多大学也纷纷开展类似的工作。1907年，威特默还创立了第一个弱智儿童的临床心理教育学校，并于同年创办了第一本临床心理学杂志。威特默被誉为"美国学校心理教育之父"。1915年，格塞尔(A. Gesell)被康涅狄格州聘为学校心理学家，在全州对儿童进行智力测验，以对有特殊需要的儿童进行分班，他被看作第一个获得"学校心理教育家"或"学校心理学家"(School Psychologist)头衔的人。

特殊教育运动、职业辅导运动和心理卫生运动在学校教育领域的拓展使其成为学校教育的一个组成部分,即"学校心理学"(School Psychology),其服务的范式也逐渐由治疗性医学服务范式(矫正性)向预防—咨询—教育功能范式(发展性)转化,从单纯的心理咨询、心理治疗拓展到促进学生心理的全面、积极成长。

## 二、西方学校心理教育理论流派

### (一)精神分析理论

1900年,奥地利精神科医生弗洛伊德(Sigmund Freud)以《梦的解析》为他的精神分析帝国的大厦作了奠基。因此有人戏谑说,20世纪的大门是用一本《梦的解析》敲开的。可见精神分析理论对20世纪的影响。弗氏认为人格的结构由本我、自我和超我构成,本我是"欲望的我",遵循快乐原则,"为所欲为";超我是"道德的我",遵守"至善原则","为所当为";而自我不仅是二者的"仆人",还是现实的"奴隶",承受着"三座大山"的压力——人类的心理问题由此而生。精神分析理论又被称为心理动力学、深度心理学,但它的泛性论、无意识论贬低了人性,而且它自诞生之日起还被称为残缺心理学,因为它的研究对象都是精神病人;它强调潜意识或无意识的动机是心理问题的源泉,个体的早期养育、成长经历也是其心理问题产生的"摇篮"。精神分析理论因其泛性论倾向和"残缺心理学"的别称而被蒙上了阴影。

### (二)行为主义心理学

1913年,美国医生华生(John Watson)以《一个行为主义者眼里的心理学》一书举起了行为主义心理学的旗帜。时至今日,行为主义流派几经演进:新行为主义、新的新行为主义以及认知行为主义依然魅力不减。行为主义核心的理念是刺激—反应理论,只是在理论发展演进的过程中,人的主体性逐渐增加,机械论的格调逐渐减少。而认知行为主义在当代大学生心理辅导与治疗中的意义更大。行为主义的经典名言是华生所说的:"给我一打儿童,我可以把他们任意培养成医生、教师、律师和小偷……"行为主义的自大当然也被人们所诟病:人是活的人、现实的人、主体的人,人绝不等同于一般的动物。撇开认知行为主义不谈,因为它毕竟是认知心理学与行为主义的交叉之学,行为主义的机械反应论无法逃脱世人对它的指责,"人"的空场成为其理论的最大弊端。

### (三) 人本主义心理学

人本主义心理学兴起于二十世纪五六十年代的美国,以马斯洛(A. H. Maslow)、罗杰斯(C. R. Rogers)为代表人物。人本主义和其他学派最大的不同是特别强调人的正面本质和价值,并强调人的成长和发展——自我实现,而并非集中于研究人的问题行为。人本主义心理学被誉为"心理学的第三势力",它在人类干涸的心灵上滴下了甘甜的雨露:价值、尊严、自我实现是每个人生命的应有之义;无条件积极关注每一个个体的自我成长与完善是"患者中心疗法"的要义。人本主义心理学的兴起进一步推动了西方学校心理教育的发展。人本主义珍视人的价值,旨在发展人的潜能、培养健全人格,使心理教育更密切地贴近人的生存领域;更重视对人的尊重、同理和积极关注。但与其说人本主义心理学是一种心理学理论,不如说是一种哲学观念。从人本主义心理学的理论视域理解卡可夫(R. R. Carkhuff)的"咨询是生命的流露"更凸显"心理教育"的本真韵味。

### (四) 积极心理学

20世纪末,以马丁·塞利格曼(Martin E. P. Seligman)为代表的西方心理学家在人本主义心理学的框架上提出了积极心理学(Positive Psychology)。积极心理学主张研究人类积极的品质,充分挖掘人固有的、潜在的、具有建设性的力量,促进个人和社会的发展,使人类走向幸福,其矛头直指过去传统的"消极心理学"。它是利用心理学目前已比较完善和有效的实验方法与测量手段,研究人类的心灵力量和美德等积极方面的一个心理学思潮。目前这股思潮方兴未艾。具体就研究对象而言,积极心理学的研究分为三个层面,在主观的层面上是研究积极的主观体验:幸福感和满足(对过去)、希望和乐观主义(对未来)以及快乐和幸福流(对现在),包括它们的生理机制以及获得的途径;在个人的层面上,是研究积极的个人特质,如爱的能力、工作的能力、勇气、人际交往技巧、对美的感受力、毅力、宽容、创造性、关注未来、灵性、天赋和智慧,目前这方面的研究集中于这些品质的根源和效果上;在群体的层面上,研究公民美德,研究使个体成为具有责任感、利他主义、有礼貌、宽容和有职业道德的公民的社会组织,包括健康的家庭、关系良好的社区、有效能的学校、有社会责任感的媒体等。

人本主义心理学是积极心理学的理论策源地,马丁·塞利格曼被称为"积极心理学之父",但毋庸置疑,积极心理学的理念却潜在地在人本主义心理学中处处闪烁。

## 三、西方学校心理教育的发展与现状

西方学校心理教育的发展与西方心理教育理论的发展是相同步的。从理论发展的角度看,西方学校心理教育经历了精神分析—行为主义—人本主义—积极心理学的发展阶段。从时间维度看,以美国的学校心理教育为例,其发展历程可以概括为三个阶段。

### (一)西方学校心理教育的发展阶段

第一阶段,从19世纪末至20世纪40年代,这是美国学校心理教育发展的孕育时期。这一阶段主要针对智力低下或有发展障碍的儿童进行心理测量、智力诊断、分类,然后根据心理测量与诊断的结果进行解释,对学校教师、学生家长提出建设性教育意见和建议。这一时期诞生了许多著名的心理测验量表,如明尼苏达多项人格测验(MMPI)、韦克斯勒儿童智力量表(WISC)等。

第二阶段,从20世纪50年代至60年代末,这是美国学校心理教育发展的童年时期。20世纪50年代,学校心理教育工作者为"问题儿童"提供心理咨询,作出分析并提供教育辅导对策;进入60年代,学校心理教育工作者还深入学校、教室等教育现场去观察学生,理解"问题学生",提供直接心理咨询和团体心理辅导。著名的"罗森塔尔效应",即"皮格马利翁效应",就是心理学家到一线考察、工作得出的心理教育成果。

第三阶段,从 20 世纪 70 年代至今,这一阶段是美国学校心理教育发展的繁荣时期。这一时期的学校心理教育不仅仅是针对学生,还面向全体教师和家长,同时兼顾学校行政领导、社会教育工作者、社区服务工作者。

### (二) 西方学校心理教育的现状

2013 年 6 月 25 日,樊富珉在心理辅导与咨询高峰论坛(香港城市大学)作大会主题报告时指出,真正意义上的高校心理教育,美国始于 20 世纪 40 年代,日本始于 20 世纪 50 年代,中国台湾始于 20 世纪 60 年代,中国香港始于 20 世纪 70 年代,中国大陆始于 20 世纪 80 年代。可见,西方大学生心理教育的发展要远远早于我国大陆的大学生心理教育。

2010 年 9 月,教育部思政司组织的"德国大学生心理健康教育与心理咨询考察培训班",考察了德国 8 所大学,听取了 12 次讲座与报告。桑志芹在 2011 年 7 月第三届两岸四地心理辅导与咨询高峰论坛上对这次考察培训班的情况作了汇报:1994 年,德国联邦大学校长会议决议就规定了各州应该如何开展心理咨询;《大学法》第 51 条要求每个大学必须有心理咨询机构,必须有经费,同时在怎么做方面也有具体详细规定;德国每 3 000 名学生配备一名专职心理工作人员,每 5 000~10 000 名学生配备一名有执业资格的专业人员。德国联邦法律规定要获得执业资格必须是心理学或医学专业大学毕业,然后还要有 3~5 年的临床工作经验。德国大学生的心理健康状况是:27%的大学生有过心理方面的问题或障碍;13%的大学生需要心理干预;11%的大学生有比较严重的心理疾病;5%的大学生需要转介到专业医院做进一步治疗。他们的问题主要为:学习困难、角色认同、抑郁、与父母的关系、地区和文化适应、个人需求和未来恐惧及恋爱问题。从 1915 年美国第一个学校心理学家格塞尔 (A. Gesell)从事学校心理教育工作开始,美国学校心理教育工作者与学生的比例至今已发展到 1∶1 500。[①] 在 20 世纪 90 年代初期,英国学者理查德·尼尔森把心理教育这一概念总结为包含以下六个含义:1. 训练人们的生活技能;2. 心理学教学中的理论、应用研究;3. 人本主义教育;4. 训练辅助人员的咨询

---

[①] 易凌峰.国外心理教育的发展对我国当前心理教育的启示[J].西南师范大学学报(人文社会科学版),2000(4):89-92.

技能;5. 广泛的拓展活动;6. 心理学问题的大众教育。这也可以看作西方学校心理教育的基本内容,但在大学生心理教育领域最主要的工作是心理咨询和心理治疗。

目前,在西方国家,大学生心理教育已发展成为一种网络化的系统工程,从事学校心理教育工作的人员主要有学校社会工作者、辅导教师、护士、心理咨询师和精神病医师等,这些人构成了一个服务网络,共同对学生的心理健康负责。[1] 从某种意义上说,迄今为止西方的大学生心理教育基本已形成全社会关心学校心理教育的环境氛围,形成了国家法规化(国家立法、州立法)、学校专家化(学校心理学家、心理咨询师)和社会合作化(社会医疗保险、社区医疗卫生)的局面。

综观欧美的大学生心理教育的发展,心理教育理论与心理教育实践的发展相得益彰。西方学校心理教育的实践,如心理测验运动、特殊教育运动、心理卫生和职业指导运动大大促进了学校心理教育的发展。西方大学生心理教育的优势主要表现为:研究的理论基础雄厚,特别是各大心理学流派的理论在研究的基础上得到广泛的应用;注重心理咨询、心理治疗的理论和技术研究,从而保证了对学生心理教育的个别化研究的深入;注重心理教育在生涯领域的拓展等。其不足之处主要表现为:通常把学校心理教育理解为一项"心理学事业",局限于心理学视域研究,因而研究的视野较窄;注重心理矫正研究的结果,导致对发展性心理教育的研究重视不够;从学校教育的整体着眼研究学生心理潜能的开发没有受到足够的重视;等等。总之,西方学校心理教育既有不少值得我们借鉴之处,但也有一定的局限性。

## 第三节 我国大学生心理教育的历史与发展

借用德国实验心理学家赫尔曼·艾宾浩斯(Hermann Ebbinghaus)的一句话描述我国心理教育的历史:心理教育有一个漫长的过去,却只有一个短暂的历史。

---

[1] 杨国愉,龚德英,张大均,等.国外心理健康学校社会工作的研究现状与趋势[J].高等教育研究,2007(5):83-89.

## 一、我国心理教育的历史渊源

美国心理学史界的元老布雷特和墨菲等人,都曾表达过这样一种信念:心理学的第一个故乡在中国。[①] 我国的心理教育思想源远流长,可以追溯到上古时代。在我国传统文化的经典之作里无不闪烁着心理教育的光芒,比如大家耳熟能详的《道德经》就有很多心理教育的真知灼见:"知人者智,自知者明,胜人者有力,自胜者强。知足者富,强行者有志。"这是认知自我、他人和反观自身。再比如儒学中的学习论、性近习远说、君子小人论、天人合一观、修齐治平论、推己及人观、因材施教法。中医典籍《黄帝内经》之《素问·举痛论》指出:"百病生于气也,怒则气上,喜则气缓,悲则气消,恐则气下,寒则气收,炅则气泄,惊则气乱,劳则气耗,思则气结。"《素问·阴阳应象大论》:肝在志为怒,心在志为喜,脾在志为思,肺在志为忧,肾在志为恐,因而怒伤肝、喜伤心、思伤脾、忧伤肺、恐伤肾。中国古代的"阴阳五行说"是中国的"人格特质论":太阳之人——刚毅勇敢,进取,不怕打击,坚持真理,有志气,有魄力,慷慨激昂,主观傲慢,暴躁易怒,冲动,不顾是非,刚愎自用;少阳之人——敏捷乐观,机智开朗,随和善变,轻浮易变,漫不经心;太阴之人——不喜兴奋事,胆小,思虑多,保守自私,不肯带头行事,不肯接近人,易悲观失望,外貌谦虚,内怀疑忌;少阴之人——沉静而不外露,稳健谨慎,善辨是非,警惕自己,不轻举妄动,能持久,嫉妒心重;阴阳和平之人——顺应事物发展规律,有高度平衡能力,为人处世圆融通达,是最好的一种类型,也是养生的标准。还有程朱理学和陆王心学等,都蕴含丰富的心理教育的思想和光芒。

但是,我国自觉的心理教育则是从现代著名学者、心理学先驱人物王国维在1906年《论教育之宗旨》一文中提出"心育"后才开始的。他认为,教育的根本目的,在于培养完全之人物(犹今之全面发展的人)。为此,就要发展人的身体之能力(体力)与精神之能力(心力)。而要做到前者,就要实施体育;要做到后者,则要实施心育。他还把智育、德育与美育都归属在心育的内涵之中,并指出,只有当体力与心力得到了"调和之发达"(犹今之和谐发展)才能培养出"完

---

① 申荷永,高岚.心理教育[M].广州:暨南大学出版社,1995:33.

全之人物"。① 随着社会的进步、生产关系的发展,"心理"注定会成为人们目光的焦点。自20世纪80年代中期伊始,论述心理教育的论文及著作就陆续出现:班华在1987年提出"心育"概念;1991年,在《教育研究》(第5期)上发表《心育刍议》一文,系统地阐述了与心理教育有关的问题,对心育概念及其与其他各育的关系、心育任务和内容、心育途径和方法、更好地实施心育的建议等作了探讨,在心理教育领域产生了极其深远的影响,被视作"心理教育的独立宣言书";1994年8月出版了《心育论》,这是第一本有关心理教育的理论著作。1993年,燕国材在《江西教育科研》(第2期)上发表《关于心理教育的几个问题》一文,对心理教育发展简史、心理教育的基本内涵、心理教育在教育体系中的地位、心理教育的原则和方法等作了探讨,进一步深化和拓展了对心理教育的认识。1995年申荷永、高岚出版了第一本以"心理教育"命名的著作。2004年4月陈中永出版的《心理教育学研究》是第一本把心理教育提升到一门学科的高度的专业著作。有学者考证中国大陆大学生心理教育发端于1982年的北京师范大学(王福兰,2002),有的认为起始于1980年代中期的上海交通大学(黄国萍,宋文香,2007),但目前大家已达成共识,即中国大陆的大学生心理教育起步于20世纪80年代,当时的情况是一个、几个或一群心理学、教育学、医学和思想政治教育工作者从助人和解决问题的角度出发,首先开创了心理教育的先河。

## 二、我国大学生心理教育的历史进程

1986年我国高校心理咨询委员会的成立,拉开了全国高校真正意义上的大学生心理教育的序幕。至今,我国当代大学生心理教育已走过近40年的历程。樊富珉认为我国大学生心理教育发端于20世纪70年代末,可以划分为四个阶段:

1. 1978—1985年为准备阶段;
2. 1986—2000年为导入与初步发展阶段;
3. 2001—2006年为跨越式发展阶段;

---

① 燕国材.论心理素质及其教育[J].云梦学刊,2000(3):71-75.

4. 2007年至今为专业化发展阶段。

樊富珉认为每个阶段都有标志性的事件发生：

1. 第一个高校心理咨询机构于1986年在上海交通大学成立；

2. 第一个大学生心理咨询的学术组织于1990年在北京成立；

3. 第一次召开全国性高校心理咨询学术交流会（1990年在北京师范大学）；

4. 第一次组织大学心理教育的专职心理咨询师的系统培训（1991年6月在北京）；

5. 政府第一次颁布肯定心理健康教育和心理咨询的价值的文件（1994年8月）；

6. 第一次正式出版高校心理咨询论文集（1997年在武汉）；

7. 第一次协助组织大学生心理健康日活动（2000年5月25日在北京）；设立全国大学生心理健康日（"5·25"，谐音"我爱我"）；

8. 第一次全国高校心理咨询工作表彰会于2001年在北京召开；

9. 第一次在教育部组织下自主开发大学生心理评估量表（中国大学生心理健康量表，2002—2005年）；

10. 第一次成立了全国大学生心理健康数据处理中心（2004年在北京航空航天大学）；

11. 第一次由教育部成立普通高等学校学生心理健康教育专家指导委员会（2005年9月）。

王建中认为当代大学生心理教育历经了三个阶段：准备阶段、起步阶段和发展阶段。本研究认为我国当代大学生心理教育的历史与发展可以划分为四个阶段，这四个阶段分别谱写了我国当代大学生心理教育的变奏曲、奏鸣曲、圆舞曲和进行曲。具体而言，大概是如下的发展脉络。

1. 变奏曲：酝酿阶段，1978—1985年。大学生心理教育犹如处于破晓黎明——光明虽然微弱，但依然放光发热。酝酿阶段的物质条件非常艰苦：无人、无钱、无办公设备（"三无"条件），一群对心理咨询感兴趣和被实践困惑着的人员主要由心理学教师、思想政治教育工作者及医务人员组成，他们积极引进外国的理论成果和实践经验，向国人做介绍、各自自发研究、小心尝试着实践探索。当时很多国人对心理咨询充满着不理解和不信任，甚至存在歪曲的理解。

2. 奏鸣曲：起步阶段，1985—2000年。大学生心理教育好似初现晨曦——阳光虽然微弱，但依然温暖和煦。这时的硬件设施已较前一阶段有了很大改观，大都具备基本的办公条件：一张桌子、一把椅子、一间小小的位于角落的办公室等基础条件。这时候那些先行者已聚成了群，尽管有大群小群之分，但不再像上个阶段那么孤独，大家能够一起边学习理论和操作，边开展教学和咨询，大学生心理教育初具规模。我国政府已觉察这支教育队伍的力量与作用，给予了一定的经济和政策支持，这当然极大地推动了大学生心理教育的发展。

3. 圆舞曲：发展阶段，2000—2017年。大学生心理教育仿佛东升旭日——旭日冉冉升起，光明、清新，普照大地。在这个阶段，我国大学生心理教育取得了长足发展，表现为无论在硬件设备、软件建设，还是在高等教育中的教育地位等，都是前些年不可比拟的。这个阶段以条件良好、体系建立、遍地开花、政府指导为特点，而且我国政府的主导作用在逐渐增强。尤其是在2000年之后，我国政府在高等教育领域下发了一系列的政策性文件，对大学生心理教育这方面既有高屋建瓴的指导方针性批示，又有具体而微的操作性指南。2012年党的十八大报告提出"注重人文关怀和心理疏导，培育自尊自信、理性平和、积极向上的社会心态"，这对于提升全民族的道德素质和心理品质、促进社会和谐发展具有重大意义。2013年5月1日，《中华人民共和国精神卫生法》正式实施。这个阶段我国当代大学生心理教育在理论学习和研究、实践操作规范化、人员专职、专业化等方面都得到了迅速发展。

4. 进行曲：新时代阶段，2017年至今。2017年9月国家取消了心理咨询师职业资格考试。同年10月18日，习近平总书记在党的十九大报告中作出重大判断："经过长期努力，中国特色社会主义进入了新时代，这是我国发展新的历史方位。"由此，当代大学生心理健康教育进入了快速发展的新时代阶段。2019年7月9日，国务院成立健康中国行动推进委员会，负责统筹推进《健康中国行动（2019—2030年）》组织实施、监测和考核相关工作。而2020年初到2022年末新冠疫情的大暴发和持续防护，让健康显得尤为重要，不仅仅是生理健康，在长期抗疫和疫情防控常态化期间，心理健康更成为人们的迫切需要和社会各界的共同关注。

但从具体化和普遍性而言，我国当代大学生心理教育阶段发展的时间脉络较为模糊,各地区、各高校之间也存在明显差异。诚如王建中所总结的,我国当代大学生心理教育的发展并不是一帆风顺的,从最初的一穷二白到现在的遍地开花,在于它虽然起源于"民间"有识之士的个体努力和自发行动,但在政府的指导和主导下很快拧成一股绳,这是推动我国当代大学生心理教育迅速发展的巨大动力。

## 三、我国政府在心理教育发展中的作用

早在 1993 年《中国教育改革和发展纲要》中,就已明确提出了心理素质是人的基本素质,提高心理素质是学校教育的基本目标之一。

1994 年 8 月 31 日,《中共中央关于进一步加强和改进学校德育工作的若干意见》中第一次使用"心理健康教育"一词(出于论述的需要,本书一律把"心理健康教育"与"心理教育"视为同一),并要求自觉把心理健康教育纳入德育的视野,具体而明确地提出,学校要"通过多种方式对不同年龄层次的学生进行心理健康教育和指导,帮助学生提高心理素质,健全人格,增强承受挫折、适应环境的能力"。

1995 年 11 月 23 日,原国家教委颁布的《中国普通高等学校德育大纲(试行)》,明确将培养学生具有"健康的心理素质"作为德育目标之一,把心理健康教育列为德育十大内容之一,并具体指出心理健康教育应包括心理健康知识教育、个性心理品质教育、心理调适能力培养三个方面。

1998 年 12 月 24 日,教育部颁布《面向 21 世纪教育振兴行动计划》,指出:"实施劳动技能教育以及心理健康教育,培养学生具有良好的道德、健康的心理和高尚的情操。"

1999 年 6 月,《中共中央 国务院关于深化教育改革全面推进素质教育的决定》指出,要针对新形势下青少年成长的特点,"加强学生的心理健康教育,培养学生坚韧不拔的意志、艰苦奋斗的精神,增强青少年适应社会生活的能力"。

2001 年 3 月 15 日,九届全国人大四次会议通过的《中华人民共和国国民经济和社会发展第十个五年计划纲要》中也明确要求"特别是加强青少年的思想政治、道德品质、心理健康和法制教育",这是我国第一次把青少年的心理健康教育列入国民经济和社会发展的五年规划之中。

2001年3月,教育部颁布了《关于加强普通高等学校大学生心理健康教育工作的意见》(教社政〔2001〕1号),第一次以专门文件的形式对高校心理健康教育工作提出了明确的意见和要求。

2002年,为贯彻落实《中共中央 国务院关于深化教育改革全面推进素质教育的决定》精神,进一步加强对全国普通高等学校大学生心理健康教育工作的领导和指导,根据《教育部关于加强普通高等学校大学生心理健康教育工作的意见》(教社政〔2001〕1号),教育部办公厅特制定《普通高等学校大学生心理健康教育工作实施纲要(试行)》(教社政厅〔2002〕3号)。

此后,我国政府又陆陆续续颁布了一些政令,继续用行政意见的形式积极推动大学生心理教育的发展。

2004年8月,中共中央、国务院发出《关于进一步加强和改进大学生思想政治教育的意见》。《意见》强调指出,加强和改进大学生思想政治教育,提高他们的思想政治素质,把他们培养成中国特色社会主义事业的建设者和接班人,对于全面实施科教兴国和人才强国战略,确保我国在激烈的国际竞争中始终立于不败之地,确保实现全面建设小康社会、加快推进社会主义现代化的宏伟目标,确保中国特色社会主义事业兴旺发达、后继有人,具有重大而深远的战略意义。

2005年1月,教育部、卫生部、共青团中央联合发出《关于进一步加强和改进大学生心理健康教育的意见》(教社政〔2005〕1号)。《意见》指出,要加强大学生心理健康教育工作,促进大学生全面发展。同年,全国普通高等学校学生心理健康教育专家指导委员会正式组建。

2006年10月11日,《中共中央关于构建社会主义和谐社会若干重大问题的决定》明确指出,建设和谐文化、巩固社会和谐,要"注重促进人的心理和谐,加强人文关怀和心理疏导,引导人们正确对待自己、他人和社会,正确对待困难、挫折和荣誉。加强心理健康教育和保健,健全心理咨询网络,塑造自尊自信、理性平和、积极向上的社会心态"。

2008年3月,教育部再次强调,要"进一步加强大学生心理健康教育工作领导体制和工作机制建设,把大学生心理健康教育工作纳入高校思想政治教育重要议事日程"。

2008年,卫生部、教育部等17个部门联合印发了《全国精神卫生工作体系发展指导纲要(2008年—2015年)》,对学校的精神卫生工作、学校心理健康教育工作进行了进一步的规范。

2010年7月,我国《国家中长期教育改革和发展规划纲要(2010—2020年)》中要求,"加强心理健康教育,促进学生身心健康、体魄强健、意志坚强"。

2011年2月23日,教育部办公厅下发了《普通高等学校学生心理健康教育工作基本建设标准(试行)》,对高校心理健康教育提出了一系列"硬指标",如建立健全校、院(系)、学生班级三级心理健康教育工作网络,建设大学生心理危机预防与干预体系,为全国高校心理教育工作的进一步开展指明了方向。

2012年,党的十八大报告明确提出,"健康是促进人的全面发展的必然要求","加强和改进思想政治工作,注重人文关怀和心理疏导"。

2013年,我国颁布实施的《中华人民共和国精神卫生法》更是从法律层面上对学校心理辅导工作和心理健康教育工作进行了规定。

2016年10月,中共中央、国务院印发《"健康中国2030"规划纲要》。该纲要第五章第三节标题为"促进心理健康",主要内容如下:"加强心理健康服务体系建设和规范化管理。加大全民心理健康科普宣传力度,提升心理健康素养。加强对抑郁症、焦虑症等常见精神障碍和心理行为问题的干预,加大对重点人群心理问题早期发现和及时干预力度。加强严重精神障碍患者报告登记和救治救助管理。全面推进精神障碍社区康复服务。提高突发事件心理危机的干预能力和水平。到2030年,常见精神障碍防治和心理行为问题识别干预水平显著提高。"

2023年4月,教育部、国家卫生健康委等17个部门联合印发《全面加强和改进新时代学生心理健康工作专项行动计划(2023—2025年)》,标志着我国加强学生心理健康工作上升为一项国家战略。

我国颁布的上述一系列重要的文件、法规,不但强调了大学生心理教育的重要性,而且还对心理教育工作的原则、任务、内容、途径、方法以及机构、师资、保障机制等提出了具体要求。在当代大学生心理教育的发展过程中,我国政府从20世纪90年代中期的教育指导地位逐渐过渡到21世纪的教育主导地位,发挥了积极的推进作用。

## 第四节　我国当代大学生心理教育现状

### 一、宏观视域中的当代大学生心理教育

从宏观视域来看我国大学生心理教育,目前国内高校普遍建立了大学生心理教育中心,构建了多层次心理教育目标体系,初步形成了大学生心理教育工作体系。

从全国范围来看,在我国政府的大力推动下,大学生心理教育工作目前正处在蓬勃发展时期。高校心理教育工作不仅有了国家政策支持,更有了学术力量作为后盾,如中国心理学会及其分会和各省市心理学会的专家和学者们的学术研究等,都推动了这项事业红红火火地发展起来。此外,高校心理教育工作的国际交流也更加活跃,更有针对性(自己"走出去"或把"外来和尚"请进来);对大学生自杀预防与危机干预成为目前各高校心理教育工作的重点。

同时,大学生心理教育专业人员培训途径也大大扩展:大学和研究生院培训,如中国科学院心理研究所、北京大学、北京师范大学、清华大学、华东师范大学等举办关于临床心理学、心理咨询学、教育心理学等专业的培训;学会及学术团体培训,如中国心理学会、中国心理卫生协会、中国社会心理学会、中国教育学会等,江苏省心理学会大学生心理专业委员会中德完形心理学培训班、上海市精神卫生中心中德精神分析班、中美结构式家庭治疗班、江苏省心理学会南京脑科医院认知行为主义培训班等;民间培训机构,如心理咨询培训学校,包括西安大康心理学校、大连心理咨询培训学校等。此外还曾有我国人力资源和社会保障部的心理咨询师职业资格认证考试及其培训。

总之,经历了近40年的发展,我国当代大学生心理教育取得了长足进步,其取得的成绩有目共睹。但是毋庸置疑,地区差异和校际差异还是客观存在的。从全国范围来看,学校心理教育的发展表现出地区不平衡、类别不平衡、质量不平衡。从地区来看,南方好于北方,东部好于西部,城市好于乡村。从类别

来看,普通学校好于职业学校,重点学校好于一般学校。从质量来看,各级各类学校心理教育的成效差异比较大,有的富有特色、成效显著,有的徒有虚名、流于形式。①

## 二、中观视域中的当代大学生心理教育

自 2007 年始,我国各省市就陆续自觉制定了高校心理教育评估标准并开始组织专家进行评估。以江苏省大学生心理教育工作为例,2006 年江苏省启动了大学生心理健康教育与研究基地建设,2009 年启动了大学生心理健康教育与研究示范中心建设,共建成全省 5 个大学生心理健康教育与研究基地和 16 个大学生心理健康教育与研究示范中心。2010 年 11 月江苏省教育厅成立了江苏省大学生心理健康教育专家指导委员会。2011 年,江苏省教育厅发布《关于进一步加强江苏省大学生心理健康教育工作的若干意见》(苏教学〔2011〕8 号),指出在以邓小平理论、"三个代表"重要思想为指导,认真落实科学发展观,遵循思想政治教育和大学生心理发展规律,开展心理健康教育,做好心理咨询工作,充分发挥学生的主动性,提高学生心理调节能力,培养良好心理品质和健全人格,促进大学生思想道德素质、科学文化素质和身心协调发展的总体要求下,深入开展发展性心理健康教育,普及心理保健知识,传授心理调适方法,有效开发心理潜能,提高大学生的心理调适与承受能力;对部分有心理问题的大学生,要提供心理咨询与辅导,化解学生心理困扰,帮助学生了解心理问题产生的原因及其表现,以科学的态度对待心理问题;对个别患有心理疾病的大学生,要按照规定的程序及时转介到校内外精神卫生医疗部门进行诊治;对可能发生危机行为的大学生,要做好前期识别和及时干预等工作,调动各种资源,协调各方力量,运用各种方法,尽一切可能阻止危机事件的发生;一旦危机事件发生,能快速反应,按照有关预案,做好心理稳定工作。在大学生心理教育工作中,一要坚持心理健康教育与思想教育相结合。既要帮助大学生优化心理素质,又要帮助大学生培养积极进取的人生态度。二要坚持普及教育与个别咨询相结合。既要开展面向全体大学生的心

---

① 崔景贵.我国学校心理教育的发展历程、现状与前瞻[J].教育理论与实践,2003(5):56-60.

理健康教育,又要根据不同群体的特点和需求,开展心理辅导和咨询工作。三要坚持课堂教育与课外活动相结合。既要通过课堂教学传授心理健康知识,又要组织大学生参加陶冶情操、磨炼意志的课外文体活动。四要坚持教育与自我教育相结合。既要充分发挥教师的教育引导作用,又要充分调动学生的积极性和主动性。五要坚持解决心理问题与解决实际问题相结合。既要加强大学生心理健康教育工作,又要为大学生办实事办好事。此外,在大学生心理教育工作体制机制建设、工作队伍建设、教学和课程体系建设、活动体系建设、咨询服务体系建设、心理危机预防与干预体系建设、工作条件建设等方面均提出了建设规范和要求。

总之,近年来,大学生心理教育在各个省市都得到了极大的重视和很好的推动,各地方政府都给予了经济支持、文件指导并提出了发展要求。

## 三、微观视域中的当代大学生心理教育

为了具体了解当代大学生的心理教育现状,笔者和同事于2010年1月初走访了沪宁杭三地十六所高校,取得了第一手调研数据。

### (一)杭州地区大学生心理教育现状

表1-1 杭州地区大学生心理教育现状

|   | 浙江大学 | 浙江工商大学 | 浙江理工大学 | 杭州电子科技大学 |
|---|---|---|---|---|
| 1. 人员编制 | 专职8人 | 专职编制5人(到岗4人) | 专职2人 | 专职4人 |
| 2. 职业培养 | 经过专业培训,70余名学生线上的老师获得国家咨询师资格证书 | 中心全额承担专职教师的国家咨询师费用,兼职按中心、所在部门和个人各承担40%、40%和20%,20人获得资格 | 培训院系辅导员,鼓励考取国家咨询师资格 | 专、兼职教师中获得国家咨询师资格的近20人 |
| 3. 经费投入 | 60万元/年;兼职人员值班费8万元/年 | 学校投入25万元/年,2008年获省实验室建设项目经费80万元 | 根据需要投入 | 30万元/年 |

续表

|  | 浙江大学 | 浙江工商大学 | 浙江理工大学 | 杭州电子科技大学 |
|---|---|---|---|---|
| 4. 咨询量 | 约2 000人次/年 | 约800人次/年 | 约1 000人次/年 | 约1 500人次/年 |
| 5. 课程建设 | 开设20多门心理教育相关课程 | 开设6门选修课 | 开设选修课 | 1门必修课及2门团体辅导选修课 |
| 6. 建筑面积 | 1 000平方米 | 约2 800平方米 | 约700平方米 | 约600平方米 |
| 7. 硬件投入 | 学校正投入专款添置需要设备 | 4套生物反馈仪,音乐放松仪、室内素质拓展训练器材、沙盘及投影摄像器材、心理教育信息管理系统、心理梦工场等 | 具备基本设施 | 具备基本设施 |
| 8. 特色 | 1. 每个班级设有一男一女心理委员 2. 每个学院配备兼职咨询师 3. 新生约谈每个人30元/20分钟 4. 学生约谈有记录 | 1. 该校领导特别重视心理健康教育,是学校的一大亮点,经费充足 2. 国内高校中最先开展室内素质拓展训练 3. 开展中国年画艺术治疗实践 | 1. 重视院系和学生心理教育基础工作 2. 开展情商教育 3. 开展相关教育实践研究 | 1. 每月案例研讨,每学期案例督导、总结分析 2. 疾病转诊三联单 3. 家—校—中心三联单 |

由上表可以看出,浙江杭州地区的浙江大学、浙江工商大学、浙江理工大学和杭州电子科技大学四所高校作为浙江省心理教育示范中心,具有以下总体特点。

1. 大学生心理教育工作得到所在学校的高度重视和人力、财力的保障投入。学校成立了校级心理教育指导委员会和心理教育中心。在教育部规定的1∶5 000的专职人员配备的基础上,按照浙江省教育厅的更高要求,向1∶3 000比例靠近,根据学校的大小配备专职人员2~8人。在省示范中心经费配备的基础上,能够直接划拨需要的经费,使教育费用不至于成为制约工作开展的瓶颈。每年总体费用在省级拨款和学校配套支持基础上,一般在15万元至20万元,最多达100万元。

2. 加强专、兼职队伍的专业技能培养,学校课程心育成绩斐然。每学期、学年根据需要分别至少提供给专职人员接受专业培训和参加国内外专业会议1次以上的机会,提供兼职人员参加校内外专业培训和国家人力资源和社会保障部心理咨询师资格培训的机会，为其全部或按高于50%的比例报销学习考试费用，确保了兼职人员的基本素质和专职人员的技能、素养的提升。

3. 充分配置必需的心理教育的专业设备。包括不同通道的生物反馈仪、个体或团体的沙盘游戏治疗工具、情绪宣泄器、放松治疗仪、同步录音摄像设备，甚至国内一流的室内拓展训练设备等。充分增强了心理教育的手段和成效，使学生乐于接受，便于操作，方便进行心理教育的客观、可观察的数据和图像效果评价。

4. 提供与时俱进的工作场所。随着工作方式、形式变化和技术革新，学校根据中心工作的实际需要，提供必备的办公场所和设备。

### （二）上海地区大学生心理教育现状

表1-2　上海地区大学生心理教育现状

|  | 同济大学 | 复旦大学 | 华东师范大学 | 上海海洋大学 | 上海理工大学 |
|---|---|---|---|---|---|
| 1. 人员编制 | 6人专职 | 8人专职（其中2人编外，即将入编） | 6人专职 | 3人专职 | 3人专职 |
| 2. 职业培养 | 50余人持有国家或上海市颁发的资格证书 | 近30人持有资格证书，其中专职中7位持上海市学校心理咨询师资格证书，1位持劳动部心理咨询师资格证书，院系有近20人持有国家或上海市颁发的资格证书 | 承担上海地区心理咨询师队伍的培养 | 60余人持有国家颁发的资格证书 | 10人持有国家颁发的资格证书；13人持有上海市颁发的资格证书 |
| 3. 经费投入 | "985"高校共投入200多万元 | 20余万元/年 | 11万元/年＋自主社会服务创收 | 2005年一次性投入100万元，目前20万元/年 | 40万元/年 |
| 4. 咨询量 | 约1500人次/年 | 约1200人次/年 | 1500余人次/年 | 约1000人次/年 | 约1000人次/年 |
| 5. 课程建设 | 纳入选修课 | 开设4门选修课 | 无 | 1门必修课，5～6门选修课 | 4门课纳入基础或通识课程 |

续表

|  | 同济大学 | 复旦大学 | 华东师范大学 | 上海海洋大学 | 上海理工大学 |
|---|---|---|---|---|---|
| 6.建筑面积 | 500平方米左右 | 4个校区,共约500平方米 | 200平方米左右 | 400平方米左右 | 1 000平方米左右 |
| 7.硬件投入 | 必备治疗仪和多媒体同步视频督导系统,20余万元 | 办公设施和咨询室设备配备 | 办公设施和咨询室设备配备,10多万元 | 20万元 | 12万元 |
| 8.特色 | 大量经费用于人员考证培训、培训班培训和出国培训;对专兼职咨询师进行定期督导 | 专职老师每人约5 000元/年的培训费;学生朋辈联盟负责学生心理委员的日常事务工作;辅导员学生比为1∶80;班主任(本科生导师)轮班制 | 建立咨询员队伍的培训、督导、考核、反馈机制;中心对社会开放;建立咨询网络,开展网络咨询 | 建立四级网络;障碍、问题人群排查制度;培训制度;列入辅导员考核指标 | 三级心理健康网络,五级危机干预体系;4+2+1模式(4个年级;2类课程:基础和通识;1个活动;每个学院有心协,开展团体辅导) |

上海地区高校心理教育具有如下总体特点。

1. 工作得到所在学校的高度重视和人力、财力的保障投入。学校成立了校级心理教育指导委员会和心理教育中心,有的学校成立了学院心理教育分中心。在高于教育部规定的1∶5 000的专职人员配备的基础上,根据学校的大小配备专职人员2~8人。作为上海市高校心理教育示范中心的高校经费配备包括市教委下拨和学校直接拨款,费用在每年20万元左右,最高一次性下拨100万元专项经费或"985"高校建设费用,从根本上确保了工作开展的经费支出。

2. 加强专、兼职队伍的素质和能力培养,开展专业督导工作。每学期、学年根据需要提供多次专职人员接受专业培训和参加国内外学术会议的机会,安排兼职人员参加校内外专业培训,不断提升兼职人员的基本素质和专职人员的技能、素养。华东师范大学作为示范中心,承担所属片区高校数百名专、兼职心理教师参加的、每学期各一期(每期5天)的封闭式、义务性专业培训,推进了兄弟高校心理教育队伍的"比学赶帮",总体素质不断提升。心理教育中心利用自身力量或依靠校内外专家资源,定期开展心理咨询案例讨论和督导工作,促进个体、团体咨询工作水平提升和教师个人专业成长。

3. 借助学校的学科优势和社会资源,开展特色心理教育服务。在学校提供的有利于心理教育中心自身发展的政策基础上,借助学校的心理学相关学科,开展国家心理咨询师资格培训和临床心理咨询技能的继续教育培训;借助学校、校友和自身的社会资源,在工作之外的空余时间,面向社会开展特色心理健康服务,提升专兼职教师的实战技能,为辅导学生心理健康成长综合调动各种资源,促进及时准确干预学生心理危机事件的专业效能发展,最终为全面提高学校心理教育的工作成效提供不竭动力。

## (三)南京地区高校心理教育现状

表1-3 南京地区高校心理教育现状

| | 南京大学 | 南京师范大学 | 南京财经大学 | 南京中医药大学 | 南京医科大学 | 南京航空航天大学 | 中国药科大学 |
|---|---|---|---|---|---|---|---|
| 1. 人员编制 | 专职5人 | 专职4人 | 专职2人 | 专职4人 | 专职2人 | 专职4人 | 专职2人 |
| 2. 职业培养 | 支持兼职考证,报销比例为4:3:3 | 全额报销考证费用 | 培训宿管站工作人员 | 人事处师资科全额报销考证费用 | 全额报销考证费用,约20位辅导员有资格证书 | 自由、自费 | 较少 |
| 3. 经费投入 | "985"高校每年50万元 | 每年40万元以上 | 专项经费一年3万~4万元,可以再申请 | 10万元/年,不够还可再申请 | 未涉及 | 7万~10万元/年 | 10万元/年 |
| 4. 课程建设 | 多于3门选修课 | 博雅课(共约10个学分) | 有选修课,属于思政室 | 1门必修课,2门选修课 | 3门相关必修课和1门研究生选修课 | 有必修课(18学时1学分)及2门选修课 | 有4门选修课,还有研究生选修课 |
| 5. 建筑面积 | 多校区都有咨询室(仙林校区约500平方米) | 不详(比较零散,在争取) | 约300平方米 | 700~800平方米 | 约200平方米 | 约500平方米 | 约400平方米 |

续表

|  | 南京大学 | 南京师范大学 | 南京财经大学 | 南京中医药大学 | 南京医科大学 | 南京航空航天大学 | 中国药科大学 |
|---|---|---|---|---|---|---|---|
| 6.硬件投入 | 减压放松设备、素质拓展设施、生物反馈治疗、阅读资料、艺术治疗、音乐治疗、沙盘一应俱全 | 具备基本设施 | 具备基本设施 | 减压放松设备、素质拓展设施、阅读资料、艺术治疗、沙盘一应俱全 | 具备基本设施及生物反馈仪等 | 具备基本设施 | 目前具备基本设施，其他正在采买中 |
| 7.其他 | 挂靠学生处，有独立经费 | 该校领导特别重视心理健康教育，技术力量雄厚，经费充足；隶属学生处 | 隶属团委 | 双挂：心理学院＋学生处 | 挂靠医政学院 | 挂靠学生处 | 隶属社科部 |

根据上表，可以说南京地区的高校心理教育现状与沪杭地区的高校心理教育现状相比，大同小异。

## 四、我国大学生心理教育现状的特色

从上述调研数据可以看出，目前我国大陆高校的心理教育工作已形成队伍壮大化，服务多元化，功能多样化，人员专业化和岗位专职化，硬件设备现代化、智能化，工作科学化、规范化的发展态势。

### （一）队伍壮大化

我国高校大学生心理教育的队伍现在日益壮大，不但体现为专职教师岗位增多，兼职教师积极参与，包括院系辅导员、党委副书记、其他科任教师、班级心理委员、大学生心理健康协会的会员等；而且构建了大学生心理教育的四级或五级工作网络，如学校党委设立大学生心理教育委员会，学校成立大学生心理教育中心，院系设立大学生心理教育分中心，班级设置心理委员，宿舍配有心理气象员以及受过心理健康教育培训的研究生导师和宿舍管理人员等。

## （二）服务多元化

目前我国大学生心理教育立足于服务"为了一切学生、一切为了学生、为了学生的一切"的目标。服务学生的专业学习，服务学生的人际关系，服务学生的生涯发展，服务学生的亲子关系和亲密关系……除此之外，现在教师的心理素质和心理健康状态愈来愈引起大家的关注，所以多元化的服务理念并不是仅仅围绕学生的一切或一切学生，还包括校园内所有教职员工的心理素质和心理健康。全员参与育"全人"。全人教育（Holistic Education）不但培育出的是全人（Whole Man），而且教育过程中的全体人员都要加入培育全面发展的人的工作之中。

## （三）功能多样化

大学生心理教育功能的多样化是与大学生心理教育的工作理念分不开的。20世纪80年代，大学生心理教育的目的很单一，就是让大学生能够健健康康、顺顺利利地毕业，这种目的源于"治病救人"的工作理念。20世纪90年代中后期，大学生心理教育的工作理念开始转变，从以障碍咨询为主转换到以发展咨询为主，但在障碍咨询方面越来越技术化和专业化，而发展咨询却越来越普遍化和"接地气"——以大学生喜闻乐见的形式或内容为主。至2004年前后，在政府强有力的推动和改革开放继续深入的背景下，加之马加爵等大学生恶性负面事件的发生，中国大学生心理教育的行政格局发生了极大调整。以东南大学为例，当时的大学生心理教育中心从人文学院调整到学生工作处，即从纯教学单位调整到教育管理部门。此时，全人教育的理念成为心理教育的工作理念。至此，大学生心理教育的功能不仅仅是"治病救人"（咨询和治疗），更是要"防患于未然"（预防、教育）以及"开发其潜能"（塑造和发展），培育全面发展的人。

## （四）人员专业化和岗位专职化

这是目前我国大学生心理教育最明显的特点。在20世纪90年代以前，绝大多数从事心理教育的人员都是或兼职或转行的，有医生出身的，有思想政治教育出身的等，不一而足，以这两种为主。但在20世纪90年代中后期，我国大学生心理教育的人员专业化和岗位专职化逐渐形成,从事人员一般为心理学专业硕士或本科毕业,一个学校会设立 1~3 个岗位。岗位的设立并不与学校师生的规模成比例,有的大的学校反而只有 1~2 个人,而小的学校却可能有更多专职专业人员。21 世纪以前,专职专业人员的配备大多由学校自主决定;之后,我国教育部和省市教育主管部门都曾下文就此作出批示,结合外国高校的经验,建议专职专业人员配置学校师生比为 1∶5 000、1∶4 000 或 1∶3 000。

（五）硬件设备现代化、智能化

进入 21 世纪之后,我国的大学生心理教育的经费投入和硬件建设得到很大提高。如上文沪、宁、杭的 16 所高校基本都配备了若干电脑,购买了大学生心理健康网络测试软件及大学生心理素质拓展场地、沙盘、生物反馈仪等。

（六）工作科学化、规范化

我国当代大学生心理教育工作的科学化、规范化是与时俱进的。在 20 世纪 80 年代,心理咨询与做思想工作的谈心、谈话是界限不分明的,既没有签保密协议一说,更没有咨询设置的概念。从业者仅凭借着爱心和热心不知疲倦、不畏辛苦地做着这项事业,但在实践中他们逐渐发现和体验到心理教育与思想政治教育、心理咨询与思想政治工作在许多方面都存在不同,比如它们的理论基础不同、具体任务不同、基本内容不同、采用方法不同、运作机制不同等。随着心理教育在我国高等教育园地里的生根、发芽,科学化和规范化成为从业人员和教育主管部门共同的心声。

1. 宏观层面的科学化和规范化

这是与我国政府的政策、职业资格认证和行业协会(学术团体)的专业化紧密相连的。进入 21 世纪不久,2001 年 3 月,教育部即颁布《关于加强普通高等学校大学生心理健康教育工作的意见》,第一次以专门文件的形式对高校心理健康教育工作提出了明确的意见和要求。2001 年 8 月,原国家劳动和社会保障部(2008 年更名为人力资源和社会保障部)制定了《心理咨询师国家职业标准》。2002 年,原国家劳动和社会保障部开始在辽宁省进行试点培训、考试。2003 年,原国家劳动和社会保障部在全国进行正式的心理咨询师资格全国统一鉴定考试。2005年中国心理学会临床心理学分会筹划在科学、专业、规范的要求下对全国心理咨询从业人员进行资格认证,分为两类:注册督导师、注册心理师。2007年2月这个系统产生了108位全国首批督导师。但因该资格认证相较于国家劳动与社会保障部的心理咨询师资格认证要难,2011年增加注册助理心理师的认证。2013年5月1日,"难产"了27年的《中华人民共和国精神卫生法》的正式实施,不但对我国大学生心理教育的实践操作层面有很大影响,而且"心理健康促进"概念的提出更彰显了中国当代心理教育的时代精神和历史使命。

2. 具体工作的科学化和规范化

我国当代大学生心理教育从"摸着石头过河"到今天的"花儿朵朵开",其间工作守则、工作规范的制定和实施功不可没。古人云:没有规矩不成方圆。工作需要热情,但仅有热情未必就有好的工作绩效。目前,我国大学生心理教育工作制定的科学化规范化工作守则、规范、制度有:日常工作规范、心理咨询守则、心理测试守则、心理危机干预快速反应机制、心理门诊首诊负责制和心理约谈守则、转介程序、课堂教学规范等。

虽然当代大学生心理教育在近40年的发展历程中取得了巨大成绩,但依然存在不少问题,主要表现在以下几个方面:

1. 领导重视不够,区域发展不平衡

部分学校领导对大学生心理教育重视程度不够,有不少学校的心理教育沦为摆设。另外我国大学生心理教育区域发展不平衡,不仅是硬件方面的不平衡,软件方面的不平衡也严重存在。我国华东、华中、台港澳等地区的发展已与国际逐渐缩小距离,但其他地区的发展相对落后。

2. 专业人员配备不能满足需要

根据人口比值法预测,我国在高校从事心理教育的专业人员要达到美国2005年的专业人员与学生比例的标准(1∶476),需要专业人员29 412人。按照1∶5 000的比例,我国在校大学生2 000万人,需要心理教育人员4 000人。全国高等学校心理健康教育数据分析中心(北京航空航天大学)2007年1月给教育部的"高校心理健康教育工作调研报告"中显示,在2006年下半年对全国1 304所高校进行的高校心理教育情况调查中,发现各校共有2 381名专职心理教育教师。

### 3. 队伍的专业化建设依然欠缺

我国大学生心理教育现有专业人员培训不足,业务水平亟待提高。心理咨询教师队伍专业水平参差不齐;心理咨询工作不够专业和深入,没有专业技术支持和伦理规范;最主要的是缺乏有效的督导机制;专业培训缺乏系统化;专职教师的职业发展不明确。这一切严重影响这支队伍的稳定性和可持续发展。

## 五、"他山之石"对我们的启发

在教育领域,心理教育已经成为世界各国教育改革与现代化程度的重要标志之一。许多国家纷纷调整各自的人才培养目标,以适应知识经济时代对人才的心理素质要求。例如,日本的教育机构提出21世纪的教育目标是:(1)宽广的胸怀、健康的体魄、丰富的创造力、均衡发展;(2)自由、自律与公共精神;(3)面向世界的日本人。美国未来学会提出21世纪要培养全面型人才,这种人才应具备三种基本能力:(1)知识能力。掌握各种科学知识、历史知识、地理知识和外语知识,学会收集处理信息。(2)个人能力。有责任感,有道德标准,会交流,能适应环境,能解决问题。(3)国民能力。了解多种文化、宗教、风俗,善于协商对话,有解决冲突的技巧等。韩国政府确定了"全人教育"的目标,以培养未来社会需要的健康的人、爱美的人、有能力的人、有道德的人、自主的人。英国教育大臣在教育改革议案中指出,教育必须形成适合现代生活的行为规范和伦理道德,要使所有学生懂得诚实、自强、责任心和尊重别人的价值观。[①] 可见,心理教育在培养未来人才中的重要性。

朱爱胜、崔景贵在《中外大学生心理教育的比较研究》一文中系统比较了中外大学生心理教育的不同:

1. 目标不同:国外重视发展性目标,国内重视适应性目标;国外重视个人本位目标,国内重视社会与教育目标;国外重视心理潜能的开发,国内重视心理健康的维护;国外重视人格健全发展,国内重视素质全面发展。

2. 内容不同:国外重视生活心理教育,国内重视学习心理教育;国外重视

---

① 陈奎庆,陆恒,毛金柱.班级心理教育及其创新[J].学校党建与思想教育,2009(27):90-91.

自我心理教育,国内重视人际心理教育;国外重视积极性心理教育,国内重视消极性心理教育;国外重视责任意识教育,国内重视职业心理教育。

3. 方法不同:国外强调价值中立,国内强调价值干预;国外强调心理咨询辅导,国内强调教育过程引导;国外强调朋辈心理辅导,国内强调发挥教师的主导作用;国外强调运用现代信息技术,国内强调教育关系改善;国外强调多元方法整合,国内强调学习、借鉴和运用。

4. 管理不同:国外强调市场调节运作,国内强调行政力量推动;国外强调行业协会管理,国内强调上级领导重视;国外强调社区参与,国内强调独立运作;国外强调多元化管理,国内强调统一管理;国外强调法制化管理,国内强调职业伦理约束。

5. 队伍不同:国外要求队伍专业化,国内要求队伍专门化;国外要求专家小组协作,国内要求全员积极参与;国外要求队伍规范化、职业化,国内队伍以业余兼职为主;国外教育角色地位重要,国内专业化发展前景看好。

6. 发展不同:国外发展速度比较快,国内地区间发展不平衡;国外发展重视研究推进,国内强调实践需要;国外主张跨文化发展路径,国内积极寻求本土化道路。

在比较了中西大学生心理教育的区别之后,他们又指出我国当代大学生心理教育在心理教育认识方面要强化服务性,在心理教育功能方面要突出发展性,在心理教育对象方面要把握人文性,在心理教育管理方面要体现实效性,在心理教育资源方面要实现整合性,在心理教育队伍方面要提升专业性,在心理教育模式方面要支持多元性,在心理教育技术方面要保持先进性,在心理教育研究方面要注重科学性。[①]

其实在我国大学生心理教育发展的历程中,我们一直在不断地学习他人和超越自己,如工作取向从障碍性咨询到发展性咨询的转变,以及当前积极心理学和本土文化的转向等。而西方的学校心理教育也在发生改变,石国兴在《英国心理咨询的回眸、展望和思考》一文中指出:欧美的学校日益重视心理教育。[②] 这些变化说明西方大学生心理教育的方方面面并不必然都超越我国,甚

---

[①] 朱爱胜,崔景贵. 中外大学生心理教育的比较研究[J]. 思想理论教育,2007(7):76-80.
[②] 石国兴. 英国心理咨询的回眸、展望和思考[J]. 河北师范大学学报(教育科学版),2004(1):50-55.

至一些方面也不适合我国的国情和高等教育现状。目前,在我国大学生心理教育的很多方面都已发生或正在发生着改变,如心理教育的目标、内容和队伍建设等方面。改革开放以来,我国当代的大学生心理教育在学习、借鉴和结合实际这条道路上取得的成绩有目共睹,对于西方学校心理教育的先进做法我们要积极学习和借鉴,对于我们自己的学生情况和文化传统、社会状态我们要科学研究、积极钻研。

# 第二章

## 当代大学生心理教育的理论依据

心理教育绝非一元现象,它是一个广泛的术语。心理教育的概念内涵和外延涉及哲学、心理学、教育学、医学、社会学、文化学和行为科学等多种理论,本书从多元学科理论视域,从中国化马克思主义视界,从素质教育和高等教育发展视角出发,阐述当代大学生心理教育的理论依据。

## 第一节 当代大学生心理教育的人学观

哲学是教育的理论(普通原理),教育是哲学的实践(实验室)。[①] 因而可以说,哲学与心理教育的关系极为密切。哲学是心理教育的根基。从最一般的意义上讲,哲学是心理教育具有明确目的性的理论依据,而心理教育则是哲学指导下的一种教育实践活动。从这个意义上说,还是德国新康德主义教育家哈伯林(Paul Häberlin)说得好:哲学为世界之教育学。[②] 这也进一步印证了斯宾塞的那句名言:真正的教育只有真正的哲学家才能实施。[③] 为了实施真正的(心理)教育,我们必须要做一回哲学家。

人是什么?高清海说:人是哲学的奥秘。"人来自于物,人原本就是物,然而他却突破了物种的限制,具有了某种超物性;人是生命存在,同样有生也有死,人却从来也不满足于生命存在,总要去追求神圣的永恒生存。人仿佛来自两个世界,生活在两个天地里,全身充满了'二律背反'式的自我矛盾:人依赖着自然,又要不断去否定自然,人要与物区别开,又必须同物结为一体;人以自我为中心,却又只能在他物中去实现自我。"[④]我国著名心理学家潘菽先生曾指出:"心理学是研究人自身的一门主要科学。心理学的研究要从人出发而又归结到人。它所以要从人出发,就在于研究之前对人是什么这个问题首先要有一个大体正确的看法,以作为研究工作的一种指针。而心理学的根本任务又是要科学地阐明人是什么,以求得对人的实质有充分的正确理解,所以,人的实质问题对心理学是一个十分重要的问题。"同理,人的实质问题对心理教育也是一个

---

[①] 杜威.民主主义与教育[M].王承绪,译.北京:人民教育出版社,1990:344-345.
[②] 王坤庆.现代教育哲学[M].武汉:华中师范大学出版社,1996:31.
[③] 王坤庆.现代教育哲学[M].武汉:华中师范大学出版社,1996:31.
[④] 高清海.人是哲学的奥秘——张曙光《哲学与人生》序[J].江汉论坛,1997(7):79-80.

十分重要的问题。

## 一、"有意识的人"

人，双重地存在着。人之所以不同于任何一种其他的宇宙事物，就在于人这种存在物一旦诞生，就本然地陷入实然与应然的二重化的分裂之中。马克思深刻地发现了这一点，他说："人双重地存在着：主观上作为他自身而存在着，客观上又存在于自己生存的这些自然无机条件之中。"①这就从根本上揭示了人与自然存在物的不同。猫或狗一生下来就可以成为猫或狗，但人一生下来并不能成为"人"，"成为人"是人一生的课题。

早在《1844年经济学哲学手稿》中，马克思就明确提出"人是有意识的类存在物"。"动物和自己的生命活动是直接同一的。动物不把自己同自己的生命活动区别开来。它就是自己的生命活动。人则使自己的生命活动本身成为自己意志的和自己意识的对象。他具有有意识的生命活动。这不是人与之直接融为一体的那种规定性。有意识的生命活动把人同动物的生命活动直接区别开来。正是由于这一点，人才是类存在物。或者说，正因为人是类存在物，他才是有意识的存在物，就是说，他自己的生活对他来说是对象。仅仅由于这一点，他的活动才是自由的活动。"②马克思的这段论述包含着极为丰富和深刻的内涵。第一，指出人与动物的不同。动物直接与自己的生命活动同一，人则具有一种不同于动物生命活动本身的规定性，即他超越了自身的生命活动，获得了新的特性。第二，指出人的生命活动是有意识的。人的存在不同于动物的生存，而是一种具有意义的生活，有意识（思维、思想）是人区别于动物的根本标志。在这一点上，马克思与我国古代思想家荀子、法国思想家帕斯卡尔的观点是一致的，"人之所以为人者，何已也？曰：以其有辨也"，"人是会思想的芦苇"，因而人全部的尊严就在于其具有思想。第三，指出人是自由的存在物。由于人是有意识的存在物，人的生活便成为人的认识和实践的对象，因此，人是自由的存在物，自由是人的"本性"。第四，指出反思能力是人特有的能力。人的生命

---

① 马克思恩格斯全集：第46卷上册[M].北京：人民出版社，1979：491.
② 马克思.1844年经济学哲学手稿[M].北京：人民出版社，2000：57.

活动成为自己意志的和自己意识的对象,反省或反思能力是人特有的能力。据说,"反思"一词首次出现于英国哲学家洛克(John Locke)的著作中,他将"心灵内部活动的知觉"称为反思。作为自我认识的源泉和法则,反思在这里有两层意思:一是反过来思考,二是反复思考。这两层意思在反思这个词里面是不可分割的。反思不同于一般的思维,它是意识的高级功能,属于自我意识的范畴。

伊曼努尔·康德(Immanuel Kant)说:"人能够具有'自我'的观念,这使人无限地提升到地球上一切其他有生命的存在物之上,因此,他是一个人。"[①]由此可见,自我意识的诞生,也就是人的诞生。自我意识本身参与了人的自我生成,因此,人的自我追问对于人的存在来说,就成为一种本然的前提,正是这种通过自我追问表现出来的自我意识,成为人不同于一切非人存在事物的一个内在标尺。"人是万物的尺度。"(普罗泰戈拉《论真理》)

## 二、"有需要的人"

马克思主义人学认为人的类本质是"自由的有意识的活动"。在《1844年经济学哲学手稿》中,马克思明确指出:"一个种的全部特性、种的类特性就在于生命活动的性质,而人的类特性恰恰就是自由的有意识的活动。"[②]人的群体本质是"关系":"人的本质不是单个人所固有的抽象物,在其现实性上,它是一切社会关系的总和。"[③]人的个体本质是"需要"。1844年,马克思在《詹姆斯·穆勒〈政治经济学原理〉一书摘要》中说:"我的劳动满足了人的需要,从而物化了人的本质,又创造了与另一个人的本质的需要相符合的物品。"[④]人的本质是类本质、群体本质和个体本质,即自由的有意识的活动/劳动、(社会)关系和需要三者的有机统一。

马克思主义人学揭示了人的类本质、群体本质和个体本质。在群体本质上,马克思的观点与我国古代思想家荀子的观点不谋而合:"(人)力不若牛,走不若马,而牛马为用。何也?曰人能群,彼不能群也。"马克思认为人类社会之

---

① 康德.实用人类学[M].邓晓芒,译.重庆:重庆出版社,1987:1.
② 马克思恩格斯选集:第1卷[M].2版.北京:人民出版社,1995:46.
③ 马克思恩格斯选集:第1卷[M].2版.北京:人民出版社,1995:56.
④ 马克思恩格斯全集:第42卷[M].北京:人民出版社,1979:37.

所以形成和发展,是因为人能够联结起来,通过活动/劳动,满足自己的需要和创造别人的需要,这样就形成了社会和促进了社会与人的共同发展。马克思主义人学揭示了人的个体本质是人的需要。人的需要是人的自身的规定,即人的本性,它是人的全部活动的内在动因。马克思和恩格斯认为人的需要对人的生存和发展非常重要,"他们的需要即他们的本性"[1],并且认为整个人类发展史就是一部人的需要即人的本性的不断改变和发展的历史[2],需要的发展是"人的本质力量的新的证明和人的本质的新的充实"[3]。

马克思曾指出:"蜘蛛的活动与织工的活动相似,蜜蜂建筑蜂房的本领使人间的许多建筑师感到惭愧。但是,最蹩脚的建筑师从一开始就比最灵巧的蜜蜂高明的地方,是他在用蜂蜡建筑蜂房以前,已经在自己的头脑中把它建成了。劳动过程结束时得到的结果,在这个过程开始时就已经在劳动者的表象中存在着,即已经观念地存在着。他不仅使自然物发生形式变化,同时他还在自然物中实现自己的目的。"[4]这句话包含着这样的含义:由于劳动,人的活动才与动物活动不同,人才成其为人,世界方能成为人化的世界。同时,人的活动总是实现人自己的目的的活动,而人自己的目的就是实现人的价值、满足人的需要,因为人的生存发展才是最终目的,人的一切活动和劳动等都不过是达到这一目的的手段而已。既然如此,作为人类活动结果的社会,就必须是为了人而存在和发展的社会,社会发展本身的目的就应当是人本身而不是别的,就应当是为了满足人们不断增长的物质文化需要。"人是目的,而不仅仅是手段。"[5]

## 三、"现实的人"

"现实的人"是马克思主义人学观的根本维度,是唯物史观的理论出发点。马克思和恩格斯在《德意志意识形态》中明确指出:"这里所说的个人不是他们自己或别人想象中的那种个人,而是现实中的个人,也就是说,这些个人是从事

---

[1] 马克思恩格斯全集:第3卷[M].北京:人民出版社,1960:514.
[2] 马克思恩格斯全集:第4卷[M].北京:人民出版社,1958:174.
[3] 马克思恩格斯全集:第42卷[M].北京:人民出版社,1979:132.
[4] 马克思恩格斯全集:第23卷[M].北京:人民出版社,1972:202.
[5] 康德著作全集:第4卷[M].李秋零,译.北京:中国人民大学出版社,2005:437.

活动的,进行物质生产的,因而是在一定的物质的、不受他们任意支配的界限、前提和条件下活动着的。"①马克思和恩格斯所理解的"现实的人"是从人的现实性本质来说的,即"一切社会关系的总和",这是从劳动、实践的角度来阐述的。由此可以看出,决定人是"抽象的人"还是"现实的人",要看是否把人当作认识和实践的主体,作为劳动主体的人才可能成为"现实的人",否则就会丧失其现实性,成为"抽象的人"。马克思主义的"现实的人"首先直接是自然存在物;其次是有意识的存在物;最后是类的存在物。"现实的人"是指在社会关系中从事实践活动的人,是个体主体、群体主体和类主体的统一的人。"现实的人"不仅是有肉体生命的自然存在物,而且还是精神存在物或意识存在物。"现实的人"就是"活动/劳动人"、"关系人"和"动机/需要人"的有机统一。

"现实的人"是社会的人,特别强调并关注人的社会差异和个性差异。心理学家卡尔·荣格(Carl Jung)的个体心理学研究指出,人的自我意识同其个性化是同一过程的两个方面,他认为,一个人的意识逐渐变得富有个性,变得不同于他人,这一过程也就是所谓的个性化过程。而"个性化的目的在于尽可能充分地认识自己或达到一种自我意识"②。自我是生成的,不是预成的。心理学研究认为在三岁之前,个体是没有"自我"的概念的。马克思和恩格斯指出,"个人怎样表现自己的生活,他们自己就是怎样"③。但是,由于实证主义思潮的流行,人们被实证科学的表面繁荣所迷惑,使自己的整个世界观受到实证科学的支配,受到工具理性和客观性的制约,从而丢掉了本真的自我,遗忘了自己的生活。为了克服这种危机,胡塞尔(E. Husserl)提出"回归生活世界"。生活世界不是科学认识所建构的科学世界,也不是哲学反思所建构的观念世界、本体世界或理想世界,同时它也不是独立于职业生活的日常生活世界,而是人生活于其中的心物统一的世界,是"非课题性的""奠基性的""直观性的"世界。生活世界是"活的"世界,不是观念或符号所建构的"死的"世界;是根源性的直接性的存在,不是反思规定和建构的间接存在;是未分化的统一的人类生活的意义整体,不是分化的、专门的文化样式和生存样式。④ 在胡塞尔看来,导致这场危

---

① 马克思恩格斯选集:第 1 卷[M].2 版.北京:人民出版社,1995:71-72.
② 霍尔,诺德贝.荣格心理学入门[M].冯川,译.北京:生活·读书·新知三联书店,1987:31-32.
③ 马克思恩格斯选集:第 1 卷[M].2 版.北京:人民出版社,1995:67-68.
④ 高清海,孙利天.转向现实生活世界的哲学变革[J].哲学动态,1994(3):32.

机的根源在于科学世界对生活世界的取代和遗忘,而从根本上讲,生活世界是"自然科学的被遗忘了的基础"①。只有回归生活世界,才能消除人的危机。而马克思的生活世界思想蕴含在他的实践哲学之中,它强调人的感性的现实的生活,是一种实践的生活世界。马克思的生活世界理论超越了胡塞尔的生活世界理论,具有巨大的超前性和超越性。生活世界是现实的人生存于其中的整体感性世界。现实的人及其生活世界是随着实践认识活动的发展不断生成的过程。

在马克思主义哲学产生之前,哲学家对"人"的理解大多停留在抽象的水平上,忽视了人的实践活动及其所处的一定的社会关系,因而都把"人"理解成了"抽象的人"。从"抽象的人"到"现实的人"是马克思主义人学观的超越。马克思主义人学观——"现实的人"——指出,"人是人的最高本质"②。

## 第二节 当代大学生心理教育的基本原理

当代大学生心理教育滥觞于哲学、心理学、教育学、医学、社会学等学科。从多元学科视域来看,当代大学生心理教育的基本原理概括起来大致有四个:存在决定意识、以人为本、活动育人和自我成长原理。

### 一、存在决定意识原理

#### (一) 存在决定意识是马克思主义心理观的基石

人的心理究竟是一种什么样的现象?它是如何产生的?本质是什么?对于这些问题的回答始终与哲学的根本问题紧密相连:物质与意识何为第一性?恩格斯指出:"全部哲学,特别是近代哲学的重大的基本问题,是思维和存在的

---

① 胡塞尔.欧洲科学危机和超验现象学[M].张庆熊,译.上海:上海译文出版社,1988:5-8.
② 马克思恩格斯选集:第1卷[M].2版.北京:人民出版社,1995:16.

关系问题。"①他在著名的《路德维希·费尔巴哈和德国古典哲学的终结》一书中对唯物主义和唯心主义两大哲学派别的划分提出过明确的标准:凡是断定精神对自然界来说是本原的,组成唯心主义阵营;凡是认为自然界是本原的,则属于唯物主义的各种学派。因此,在哲学领域历来存在着唯心主义与唯物主义、形而上学与辩证法的斗争。而在心理学领域也存在着本质不同的心理观:辩证唯物主义心理观、机械唯物主义心理观及唯心主义心理观。马克思主义心理观认为物质第一,意识第二,物质决定意识,意识是物质的能动反映,人们的现实存在决定人们的主观意识,人的心理是在实践基础上对客观世界的能动反映。

马克思主义心理观是科学的辩证唯物主义心理观。它与唯心主义心理观和机械唯物主义心理观有着本质的区别:唯心主义心理观过夸大精神的能动作用,认为人的意识决定人的存在,人的本能在人类心理现象中起着决定作用,如精神分析对力比多及其作用的突出强调;机械唯物主义心理观只是从客体的或直观的形式去理解心理现象,如行为主义的刺激反应理论把人直接等同于动物。它们都在不同程度上抹杀了人的"人性"或"能动性",必然陷入理论的泥淖。

存在决定意识,是马克思主义哲学的基本原理。这个原理来源于马克思《〈政治经济学批判〉序言》中的一段话:"人们在自己生活的社会生产中发生一定的、必然的、不以他们的意志为转移的关系,即同他们的物质生产力的一定发展阶段相适合的生产关系。这些生产关系的总和构成社会的经济结构,即有法律的和政治的上层建筑竖立其上并有一定的社会意识形式与之相适应的现实基础。物质生活的生产方式制约着整个社会生活、政治生活和精神生活的过程。不是人们的意识决定人们的存在,相反,是人们的社会存在决定人们的意识。"②早在《德意志意识形态》中,马克思和恩格斯就指出,"不是意识决定生活,而是生活决定意识"③,其思想是一脉相承的。"意识在任何时候都只能是被意识到了的存在,而人们的存在就是他们的现实生活过程。"④"而且从他们的现实生活过程中还可以描绘出这一生活过程在意识形态上的反射和反响的

---

① 马克思恩格斯选集:第4卷[M].2版.北京:人民出版社,1995:223.
② 马克思恩格斯选集:第2卷[M].2版.北京:人民出版社,1995:32.
③ 马克思恩格斯选集:第1卷[M].2版.北京:人民出版社,1995:73.
④ 马克思恩格斯选集:第1卷[M].2版.北京:人民出版社,1995:72.

发展。"①在1848年《共产党宣言》中,马克思和恩格斯更是一针见血地指出:"人们的观念、观点和概念,一句话,人们的意识,随着人们的生活条件、人们的社会关系、人们的社会存在的改变而改变,这难道需要经过深思才能了解吗?"②而列宁就曾很明确地说:"社会意识反映社会存在,这就是马克思的学说。"③

### (二)中国化马克思主义是当代大学生心理教育的指导思想

众所周知,马克思主义是我国社会主义核心价值体系的指导思想。《国家中长期教育改革和发展规划纲要(2010—2020年)》中明确指出2010—2020年我国教育改革和发展规划的指导思想是:"高举中国特色社会主义伟大旗帜,以邓小平理论和'三个代表'重要思想为指导,深入贯彻落实科学发展观,实施科教兴国战略和人才强国战略,优先发展教育,完善中国特色社会主义现代教育体系,办好人民满意的教育,建设人力资源强国。"2001年《教育部关于加强普通高等学校大学生心理健康教育工作的意见》(教社政〔2001〕1号)第一次以专门文件的形式对高校心理健康教育工作提出了明确的意见和要求,在指导思想方面特别指出:"在大学生心理健康教育工作中,要以辩证唯物主义和历史唯物主义为指导,防止唯心主义、封建迷信和伪科学的干扰,确保心理健康教育工作的正确方向。"由此可见,马克思主义哲学在我国社会主义建设和教育改革、发展中的核心地位和作用。中国化马克思主义是当代大学生心理教育的指导思想,马克思主义心理观是当代大学生心理教育的根本观点。

人作为自然存在物、意识存在物和类存在物,生活在一定的社会、时代背景中,其存在被打上那个时代和社会的深深烙印。社会存在决定社会意识是唯物史观的基本观点和方法论原则,是人认识世界和把握世界的"武器"。人脑是意识的物质器官,意识是人脑的机能,意识是客观事物在人脑中的主观映象。马克思主义哲学把一切社会现象分为两个基本部分——社会存在与社会意识,认为社会存在决定社会意识,社会意识又反作用于社会存在。"发展着自己的物质生产和物质交往的人们,在改变自己的这个现实的同时也改变着自己的思维

---

① 马克思恩格斯选集:第1卷[M].2版.北京:人民出版社,1995:73.
② 马克思恩格斯选集:第1卷[M].2版.北京:人民出版社,1995:291.
③ 列宁选集:第2卷[M].3版.北京:人民出版社,1995:219.

和思维的产物。"①正如恩格斯所说:"人的思维的最本质的和最切近的基础,正是人所引起的自然界的变化,而不仅仅是自然界本身;人在怎样的程度上学会改变自然,人的智力就在怎样的程度上发展起来。"②而乔治·贝克莱(George Berkeley)的"存在就是被感知""物是感觉的复合"两个著名的命题把事物、现实作了彻底的唯心主义理解,是应该受到批判的。"批判的武器当然不能代替武器的批判,物质的力量只能用物质的力量来摧毁,但是理论一经掌握群众,也会变成物质力量。理论只要说服人,就能掌握群众;而理论只要彻底,就能说服人。"③马克思主义哲学关于"存在决定意识"的理论是当代大学生心理教育的基本原理。

## 二、以人为本原理

对"人"的研究与关注是贯穿人类思想史和认识史发展的一条主线。从我国古代思想家管子首先提出"以人为本",到孔子提出"天地之性人为贵";从古希腊哲学家提出"人是万物的尺度",到费尔巴哈构建庞大的人本学体系④,乃至当代我国以以人为本为核心的科学发展观的提出,都是对哲学意义上"以人为本"思想的不同表述。

韩庆祥认为"以人为本"有三方面含义。(1)它是一种对人在社会历史发展中的主体作用与目的地位的肯定。它既强调人在历史发展中的主体地位和目的地位,又强调人在社会历史发展中的主体作用。(2)就当前中国来讲,它是一种立足于解放人与为了人并实现人的现代化的价值取向。(3)它是一种思维方式。就是把对人的主体地位、目的地位与主体作用的肯定,把尊重人、解放人、依靠人、为了人和塑造人的价值取向落实到社会实践中,要求人们在分析、思考和解决一切问题时,要确立起人(或人性化)的尺度,实行人性化服务。⑤ 具体地说,在处理人与自然的关系时,"以人为本"就是要努

---

① 马克思恩格斯选集:第1卷[M].2版.北京:人民出版社,1995:73.
② 马克思恩格斯选集:第4卷[M].2版.北京:人民出版社,1995:329.
③ 马克思恩格斯选集:第1卷[M].2版.北京:人民出版社,1995:9.
④ 邓刚,陈放,张斌.以人为本与我国研究生教育制度的改革[J].吉首大学学报(社会科学版),2006(1):173-176.
⑤ 韩庆祥."以人为本"的科学内涵及其理性实践[J].河北学刊,2004(3):62-64.

力提高人的生活质量,维持自然的可持续发展;在处理人与社会的关系时,"以人为本"就是要积极促进人的全面发展,真正地尊重和关怀人,维护社会的和谐与稳定;在处理人与他人的关系时,"以人为本"就是要强调客观理性、公平和正义,关注弱势群体,助人自助;在处理人与自身关系时,"以人为本"就是要能够接纳自我、客观认识自我,建设性地满足自己的需要并且能够认识到人与人之间的差异,积极追求自我超越。

马克思、恩格斯批判了旧唯物主义和唯心主义的实践观,第一次建立了科学的实践观。马克思主义理论中"以人为本"的含义非常丰富,归结到最根本之处,马克思主义的"以人为本"是建立在社会实践的基础之上的,是以社会实践为哲学之基的。(1)"以人为本"是从人和动物的区别、不同社会群体的人之间的区别、个人和个人之间的区别三种意义上来理解人,不仅看到人的类存在、类价值和人的社会存在、社会价值,而且还看到人的个性存在、个性价值,尤其是把人看作现实的人或社会的人,特别强调并关注人的社会差异和个性差异。(2)"以人为本"是马克思主义关于人的自由而全面发展的原则在当代中国发展过程中的内在具体要求和实现形态,唯物史观是"以人为本"的理论基础。(3)"以人为本"是以最广大群众的根本利益作为出发点和归宿的,集体主义是"以人为本"的旨归。

在大学生心理教育工作中贯彻"以人为本"的原理有如下三方面的要求:第一,要充分理解和科学研究学生的心理特点和心理需要,根据大学生群体的心理发展特点和个体的特殊心理问题,有针对性地开展心理教育工作;第二,要充分尊重学生的个性,在心理教育工作中,理解、支持和指导其人格健全发展;第三,要充分尊重学生的隐私并为其保密(保密例外的情况除外),不能将大学生在接受心理教育过程中暴露的隐私作为考评的依据,影响其入党、担任学生干部、评优和就业等。

和谐社会是"以人为本"的社会。"以人为本"作为科学发展观的核心,现实的人是"以人为本"的价值本位,现实的人是指在社会关系中从事实践活动的人,是个体主体、群体主体和类主体的统一;人的主体性是"以人为本"的价值原则,它暗含着人是人的世界及其历史的根本、主体,人本身就是自己独立人格的主体;人的物质需要和精神需要的满足是"以人为本"的价值目标;"以人为本"要求把人看作手段和目的的统一——人是人的最高本质。马克思主义的"以人为本"理论是当代大学生心理教育的基本原理。

## 三、活动育人原理

### （一）"活动育人"的哲学视域

马克思主义从哲学的高度考察活动，认为活动是人存在和发展的根本方式，表现为活动的现实客观性、社会历史性和自觉能动性，并认为活动是人类的本质特征之一，自由自觉的活动是人区别于动物的根本标志。

关于活动，马克思有十分丰富精辟的论述。马克思把活动看成人的根本属性，是个体"躯体本身已经含有的一种必要性"。为了生存，人应该活动，这种活动一方面作用于外部世界，一方面改变外部世界，从而也改变着人的自身。这种"有意识的生命活动把人同动物的生命活动直接区别开来。正是由于这一点，人才是类存在物。或者说，正因为人是类存在物，他才是有意识的存在物。……仅仅由于这一点，他的活动才是自由的活动。"[①]他甚至把人类历史看作活动的历史："历史不过是追求着自己目的的人的活动而已。"马克思和恩格斯强调："这种活动、这种连续不断的感性劳动和创造、这种生产，正是整个现存的感性世界的基础，它哪怕只中断一年，费尔巴哈就会看到，不仅在自然界将发生巨大的变化，而且整个人类世界以及他自己的直观能力，甚至他本身的存在也会很快就没有了。"[②]

列昂捷夫根据马克思关于活动的基本思想，强调"活动是躯体的、物质主体的生活的分子性单位……在心理的水平上，活动是以心理反应为中介的生活单位"。他指出，活动既不同于唯心主义所说的脱离感性实践的精神活动，也不同于机械唯物主义所说的反应的总和，"而是具有自己的结构，自己的内部转变和转化，自己的发展的系统"。活动包括一系列内化和外化过程，联系着外部感性活动和内部心理活动。活动的根本特征是它的对象性和社会性，这些特征使人的活动成为有意识的生命活动，因而也使人在自身活动中成为

---

① 马克思恩格斯全集：第3卷[M].2版.北京：人民出版社，1983：273.
② 马克思恩格斯选集：第1卷[M].2版.北京：人民出版社，1995：77.

自觉认识客观外界的主体。

毛泽东在《实践论》中说："通过实践而发现真理，又通过实践而证实真理和发展真理。从感性认识而能动地发展到理性认识，又从理性认识而能动地指导革命实践，改造主观世界和客观世界。实践、认识、再实践、再认识，这种形式，循环往复以至无穷，而实践和认识之每一循环的内容，都比较地进到了高一级的程度。这就是辩证唯物论的全部认识论，这就是辩证唯物论的知行统一观。"[①]人类的实践的过程就是作为主体的人不断地改造客观世界和不断建构主观世界的过程，正如马克思所说，"历史不过是追求着自己目的的人的活动而已"。

## （二）"活动育人"的心理学视域

心理教育就是通过有目的、有计划的活动来促进心理机能发展的过程。[②] 在心理学中，活动的含义是"人在一定条件下有目的的、主动的行为过程，是人心理行为交互作用促进身心发展的过程"，是人自为、自主、自由地创造自我、完善自我的过程。

苏联心理学家维果茨基在心理发展上强调认知过程中学习者所处的社会、文化、历史背景的作用，特别强调活动和社会交往在人的高级心理机能发展中的作用。皮亚杰与维果茨基的心理发展观虽然存在着一定的差异，但在"活动"对人的心理发展重要性方面是一致的。皮亚杰认为人的心理是以活动为基础通过主客体相互作用发展的，是在活动中由主体与客体不断的双向建构而生成的。"外部输入—内部生成""个体—社会"这两个维度是现代建构主义的理论视域，活动为我们提供了这个理论思路。列昂捷夫在《活动 意识 个性》中从心理学角度系统论述了活动问题，他认为人能成为什么样的人，首先是由活动方式决定的，而人的主体活动总是由外部的物质活动向内部的意识活动转化，而且人的活动又总是包含在一定社会关系的系统之中，决定于物质和精神交往的形式与手段；活动在主客体转化中起了中介的桥梁作用，人的一切内部活动都来源于外部活动，外部活动先于内部活动，内部活动乃是外部活动的内化。

---

① 毛泽东选集:第1卷[M].2版.北京:人民出版社,1991:296-297.
② 王丽荣."学校心理教育"概念的理解与阐释[J].吉林省教育学院学报,2008(3):7-11.

列昂捷夫认为活动的基本特征是它的"对象性",活动的对象表现为两重性:"第一性表现为对象的独立存在,它使主体活动服从于它并加以改造;第二性表现为对象的映象——主体对对象的属性的心理反应的产物,而这种反映是由于主体的活动而实现的,否则就不可能实现。"①"人的个性的现实基础不在他原有的遗传程序表中,不在他的天赋素质和欲望深处,甚至也不在他的后天获得的熟练程度、知识和技能(包括职业技能)中,而在借助知识和技能实现的活动的系统当中。"②

美国心理学家阿尔伯特·班杜拉(Albert Bandura)认为,认知、行为和环境是交互作用的。行为习得有两种不同的过程,一种被称为"通过反应的结果所进行的学习",即我们所说的直接经验的学习;另一种是通过观察示范者的行为而习得行为的过程,他称之为"通过示范所进行的学习",即我们所说的间接经验的学习。行为结果的动机包括外部强化、自我强化和替代性强化。观察学习理论强调在一定的环境中,人与人的行为、认知的相互作用,即认知、行为和环境的交互作用过程促进了个体心灵的成长。

活动总是人的活动,离不开一定的心理机制,"在心理的水平上,活动是以心理反应为中介的生活单位,而心理反应的现实机能则是,它使主体在对象世界中辨识方向"③。心理与活动的关系是如此密切,以至于无法将心理与活动分离。

(三)"活动育人"的教育学视域

在教育学的视域里,教育是人类生存发展的一项基本活动,也是主体间交往、互动以及知、情、意、行综合作用的复合性活动。传统教育学更倾向于把教育、教学活动理解为一种认知活动,譬如,德国教育家赫尔巴特理解的教学过程是"明了—联想—系统—方法",苏联教育家凯洛夫理解的教学过程是"感知—理解—巩固—运用",这些都是对教育活动的单一性理解。其实,作为一种活动的教育、教学过程也是多种多样活动的集合体,因为人的活动的多样性决定了教育形态与人的发展的多样性。M.C.科甘认为:"活动既包括物质的、实践

---

① 列昂捷夫.活动 意识 个性[M].李沂,冀刚,徐世京,等译.上海:上海译文出版社,1980:53.
② 列昂捷夫.活动 意识 个性[M].李沂,冀刚,徐世京,等译.上海:上海译文出版社,1980:136.
③ 列昂捷夫.活动 意识 个性[M].李沂,冀刚,徐世京,等译.上海:上海译文出版社,1980:51.

的,又包括智力的、精神的操作;既包括外部的,也包括内部的过程;与手的工作一样,思维工作也是活动;与人的行为一样,认识过程也是活动。"①

活动是生活的根本属性。杜威(John Dewey)在《民主主义与教育》一书中指出:"哪里有生活,哪里就已经有热切的和激动的活动。生长不是从外面加到活动的东西,而是活动自己做的东西。"②杜威认为,"教育不能在科学的研究或所谓自然研究中予以统一,因为离开了人类的活动,自然本身并不是一个统一体","因此,我认为学校科目相互联系的真正中心不是科学,不是文学,不是历史,不是地理,而是儿童本身的社会活动"③。他认为所有的学习都是行动的副产品,所以教师要通过"做",促使学生去思考,从而学到知识。他把"从做中学"贯穿到教学领域的各个主要方面中去,诸如教学过程、教学方法、教学组织形式等。

1979年,我国台湾地区在中学暂行课程标准中增列"指导活动"课程(每周授课一小时),以实施有计划的团体辅导。1992年,我国《九年制义务教育全日制小学、初级中学课程计划(试行)》中第一次明确地将"活动"列入课程计划,这些活动包括晨会(夕会)、班团队活动、体育锻炼、科技文体活动、社会实践活动和校传统活动等,对这些活动提出了综合性目标要求:"各项活动都要结合其特点,发挥学生的主动性和创造性,使学生受到政治、思想、道德教育,扩大视野,动手动脑,增长才干,发展志趣和特长,丰富精神生活,增进身心健康。"2001年我国教育部颁布的《关于加强普通高等学校大学生心理健康教育工作的意见》(教社政〔2001〕1号)指出,高等学校大学生心理健康教育工作的主要任务是:"根据大学生的心理特点,有针对性地讲授心理健康知识,开展辅导或咨询活动,帮助大学生树立心理健康意识,优化心理品质,增强心理调适能力和社会生活的适应能力,预防和缓解心理问题。帮助他们处理好环境适应、自我管理、学习成才、人际交往、交友恋爱、求职择业、人格发展和情绪调节等方面的困惑,提高健康水平,促进德智体美等全面发展。"

当前我国教育正从应试教育向素质教育转轨,从传统教育模式向现代教育模式转变,各种新兴教育理念、教育观、教育载体无不对我国当代教育产生冲击

---

① 宋宁娜.活动教学论[M].南京:江苏教育出版社,1996:71.
② 杜威.民主主义与教育[M].2版.王承绪,译.北京:人民教育出版社,2001:75.
③ 杜威.学校与社会·明日之学校[M].2版.赵祥麟,任钟印,吴志宏,译.北京:人民教育出版社,1994:9.

和影响。在现代大教育的视域内,我们应反思传统教育模式中学习主体的被动和强迫的灌输式、接受式教育的僵化与呆板。贴近学生、贴近生活、贴近实际的大学生心理教育活动不但在心理上吻合了学生的发展需要,而且在生理上也符合青年人活泼好动的特点。大学生心理教育活动能够发扬学生的自主自觉性,激发学生自我教育和朋辈互动,促进他们共同成长。马克思主义的"活动育人"理论是当代大学生心理教育的基本原理。

## 四、自我成长原理

人的成长是由"他助"到"自助"不断提升的过程,"他助"重在强调外因的作用,"自助"则强调内因的作用,教育的理想状态是"自助",即自我成长。自我成长不仅是教育的一种方式,也是教育的高级形态,心理教育是非常崇尚"自助"的一种教育,"助人自助"是心理教育的宗旨。因为"自助"是心理内化的标志,也是能够揭示深层心理的前奏。自我成长看似"自育""自助",实质上也隐含着"他育""他助",任何一个人如果没有"他育""他助"作为基础,是无法达到"自育""自助"的,从这一意义上讲,"自育""自助"是"他育""他助"的结晶。

### (一)"自我成长"是人之为人的心理基础

阿尔弗雷德·阿德勒(Alfred Adler)在他著名的"自卑理论"中指出了个体根深蒂固的自卑情结:个体一出生是没有自己存活的能力的,必须依赖他人才能活下去。这是人类集体的自卑:婴幼儿时期离开他人的帮助无法生存。在人生的早期,个体的生理和心理的成长都要依赖他人的帮助,智慧的启蒙、心智的发展更离不开他人的教诲。在这个时期,"他助"和"他育"的作用非常明显。在3岁之前,个体并不能足够清楚地区分客体我(ME)和主体我(I)的边界,个体的"自我"概念还未形成。在这个时期,个体的"生本能"(借用弗洛伊德精神分析的概念)可以视作个体的自我成长动力,只是这种动力主要是本能的、机械的而已。随着个体的成长,被瑞士发生认识论创立者皮亚杰(Jean Piaget)称为"哥白尼式的革命"的现象——个体在18个月左右开始出现了客体永久性,可以被看作是人类思辨理性的开端,这也是个体从纯粹的"自我中心主义"中的一次觉醒。"智慧之眼"——意识——开始萌芽了。美国心理学家格塞尔

(A. Gesell)通过他著名的双生子爬楼梯实验证明：先天的素质是后天发展的基础。自我的内在成长能力并不是外界可以随意左右的，发展的关键期非常重要。

"自我成长"离不开"他助"和"他育"。但个体的先天素质和"本能"是个体"自我成长"的自然存在之基。因此从这个意义上讲，没有"自我成长"就没有人本身。

### （二）"自我成长"是大学生自我完善的内在驱力

1890年，威廉·詹姆斯(William James)首次提出自我概念并将其引入心理学，开辟了心理学领域对自我的研究探索。威廉·詹姆斯将自我分为物质自我、精神自我和社会自我：物质自我是指与周围客体相伴随的躯体自我，社会自我是关于别人对自己的看法的意识，而精神自我是指监控内在思想与情感的自我。自我在心理学研究中占据重要的地位，个体只有在了解自我的背景下才能理解所有的心理过程。弗洛伊德(S. Freud)的精神分析理论提出，自我"一仆三主"的地位注定了自我的危机四伏。弗氏认为人格的结构可以分为自我、本我和超我。本我奉行快乐原则，为所欲为；超我遵循至善原则，为所当为；自我遵守现实原则，有所为，有所不能为，它要侍奉三个主人：现实、本我和超我的需要。自我的沉重是由三者对它的要求所造成的，相比较而言，自我是最接地气的存在。

自我成长是自发的成长和自觉的成长的统一，其自发性遵循着本我的快乐原则，是人的本能欲望；其自觉性遵循着超我的至善原则，是人的自我完善的需要。大学生不但处于一生当中最美丽的生理季，而且处于最想好的心理季，自我完善不但是外界对他们的盼望，而且也是他们的成长目标。自我成长顺理成章地成为大学生自我完善的内在驱力。

每个人的内心都充满着成长的动力，成长的动力来源于人的内心，用马斯洛的人本主义心理学的话来说就是，来自心灵的自我实现的需要是自我成长的动力源泉。自我成长是个体成长动力中的积极主力军，它优于"他助"的揠苗助长，它是自助和互助式的成长，而且它的终极目标必定是自助成长。自我成长是个体成长的高级手段，外界只有借助自我成长之手才能给予个体助长之力。

### (三)"自我成长"的逻辑两端——自我认识与自我教育

"认识你自己",这是镌刻在古希腊宗教中心德尔斐阿波罗神庙墙上的一句箴言,也是古希腊哲学里最重要的一个命题。而我国古代典籍《道德经》上也有"知人者智,自知者明,胜人者有力,自胜者强"的格言警句。"自我认识与自我教育"是"自我成长"的逻辑两端:自我认识是逻辑的起点,自我教育则是逻辑的落脚点。自我认识是促进大学生心理自我成长的前提。人只有正确地认识自己,才能更好地成为自己。人能够认识自己,不但能意识到周围世界客观事物的存在,而且也能意识到自己的心理变化,并产生行为价值取向,把自己的意念和认识反馈给自己,从而根据自身的需要和判断,调整自己的行动,控制和完善自己。"人既是他正在是的那种人,同时又是他向往成为的那种人。"[1]人总是存在于实然与应然的肯定与否定的动态过程之中,能动地、创造性地打破既定实然,而向应然腾飞。自我成长在这个过程中发挥了桥梁的作用。苏联教育家苏霍姆林斯基说:只有激发学生进行自我教育的教育才是真正的教育。[2] 也可以说自我教育才是真正的教育,而在大学生心理教育的自我成长原理中,自我教育的功能是不言而喻的。

心理教育既要使人是其所是,又要使人是其所应是。自我成长的过程就是主观化和客观化、自我化和社会化、同质化和异质化对立统一的过程,充满着现代建构主义的色彩。大学生是信息加工的主体、意义的主动建构者,而不是外部刺激的被动接受者和被灌输的对象;学习是大学生主动建构内部心理表征的过程,它不但包括结构性的知识,而且包括大量非结构性的经验背景知识。自我成长的原理是大学生主动成长、积极负责的人生追求的真实写照,是其主体性的集中体现。

当代大学生心理教育的理论依据——存在决定意识原理、以人为本原理、活动育人原理和自我成长原理,体现了马克思主义唯物史观、马克思主义人学观、马克思主义中国化理论的新进展和当代的时代精神,是当代大学生心理教育可持续发展的理论依据。存在决定意识的原理鲜明地体现了心理教育的时

---

[1] 马斯洛.人的潜能和价值:人本主义心理学译文集[M].北京:华夏出版社,1987:80.
[2] 苏霍姆林斯基.给教师的100条建议[M].杜殿坤,编译.天津:教育科学出版社,1984:6.

代发展性、与时俱进性。而当代大学生心理教育的产生和发展历程无不深刻地体现这个基本原理。以人为本原理在心理教育领域深刻地折射出"人贵"思想,其积极含义不言自明。活动育人原理在人类成千上万年的历史发展中更是司空见惯,"生命在于运动"、"劳动创造了人类本身",劳动产生了"物质的最高的精华——思维着的精神"[①]。人在活动/劳动/运动中结成联盟、组成集体、形成社会,发展人的社会性;在活动中,人与人之间的主体间性及人的主体性得以形成和发展,人的心灵也得到成长和开发,同时人类社会的发展也得到促进。自我成长原理是受人的自我实现的本能性和社会性激发的人的内在驱力的体现,自我成长原理充分体现了作为有意识的人、有需要的人、现实的人的主体性精神。它是身心发育均已基本成熟的当代大学生的自主成长、成才的有力武器。

## 第三节 当代大学生心理教育的基本原则

心理教育的原则是心理教育的指南针,是心理教育成败的关键所系,是心理教育工作者要解决的重要问题。心理教育必须遵循学校教育的一般规律和原则,但是它还有着特殊性、独特性和针对性,因此,它有着自身独特的教育原则。

随着心理教育在我国的开展,我国学者对心理教育的原则展开了研究,提出了许多有价值的见解。郑日昌提出了以下四条原则:理解和尊重相结合的原则;发展和矫治相结合的原则;个体与群体相结合的原则;教育与辅导相结合的原则。我国台湾学者吴武典等人提出了充分了解学生的原则、适应个别差异的原则、强调合作的原则、尊重学生个性的原则、个人成长的原则。[②] 陈家麟指出,学校心理教育应秉持生活性原则、主体性原则、积极性原则和全体性原则。[③] 以上各位学者的研究都给予了我们有益的启发。

---

① 马克思恩格斯选集:第4卷[M].2版.北京:人民出版社,1995:279.
② 赵冰洁,徐建平.浅论高校心理健康教育的原则[J].黑龙江高教研究,2003(3):108-110.
③ 陈家麟.学校心理健康教育:原理、操作与实务[M].北京:教育科学出版社,2010:113-127.

本书认为厘清大学生心理教育的基本原则应从两个方面考察：一个方面是从大学生心理教育的形式出发，另一个方面是从大学生心理教育的内容着手。

## 一、当代大学生心理教育的形式原则

### （一）全面系统原则

当代大学生心理教育的全面系统原则要从两个方面来理解：全面指的是全员、全体、全人、全程；系统则包含广泛性、整体性、网络化和系统化的内涵。全面系统原则是大学生心理教育形式方面的最重要的原则，它不但指学校教职员工要全体参与，而且意味着面向全体学生，"一个都不能少"，更是对全体学生的全面发展的全程积极关注。全面系统原则还强调心理教

图 2-1  心理教育运作机制系统

育的工作网络建设，所有心理困扰、问题和障碍"一网打尽"，更是希冀能够"网罗"心理精英、"网住"心理资本。学校各职能单位作为心理教育运作机制系统，分别承担大学生心理教育的相应工作（见图 2-1），如：心理中心负责执行，学院做周报反馈，教务辅助学生心理健康成长，保卫部门协调负责学生身心安全，而学校心理健康工作领导小组则对全校心理教育工作作出统一部署和决策等。各职能单位各司其职，发挥自己在系统中的功能与作用，共促心理教育的发展和学生心理机能和素质的提高。另外，从学校心理教育的专、兼职人员队伍来说，还存在一个网络梯队系统——校—院—班—舍，如学校大学生心理教育中心是一级网络，院系心理教育分中心是二级网络，班级心理委员和大学生心理健康协会是三级网络，宿舍心理气象员是四级网络。

家庭—学校—社区/社会是大学生心理教育开展的空间环境。这个环境包括有形的环境（物质、设备等）和无形的环境（家庭氛围、人际关系、校风、班风等）。由于我国的计划生育政策，现在的大学生有不少是独生子女，父母或其他家长对其保护、照顾太多，导致他们的生活自理能力较低，独立应对生活事件的能力较弱，心理承受力也没有得到过锤炼。因此，他们的心理问题很难单纯在

校园环境下"康复",与家庭的联盟合作迫在眉睫,这是我国大学生心理教育的独特现象。另外,随着高校后勤管理、服务的社会化发展,大学生的生活可能越来越多地与社区、社会发生连接,与社区或社会的工作结盟也是高校心理教育要筹划面对的工作方向。

立体化、多梯度的心理教育工作网络是大学生心理教育运作的机制保障。目前我国高校普遍建立了大学生心理教育的三级工作网络,有的高校还建立了四级或五级工作网络。但是,有的高校网络虽然建立起来了,但工作的效能却很低,甚至成了摆设。有一个顺口溜叫"说起来重要,做起来次要,忙起来不要"。这是对我国部分高校心理教育工作的辛辣讽刺。所以各级领导对心理教育工作的重视是心理教育及其工作网络运行良好的保障。在这些立体化、多梯度的工作网络里集中体现了服务育人、管理育人、教书育人、环境育人和关系育人的心理教育功能。

### (二)分群类教原则

随着心理教育的发展和普及,高校大学生心理健康节、大学生心理健康活动的举办,大学生心理健康档案的建立,以及广大媒体的宣传等,使心理教育的普及和推广愈来愈为大众所熟悉和接受。但在热闹和繁荣的背后我们也要看到,在一些不惹人注意的地方难免会有疏漏,"大而全"并不是"眉毛胡子一把抓"的理由,在全面系统的原则指导下,我们还要细化,还要选择,还要有所侧重。

随着高等教育大众化趋势的发展,越来越多的年轻人走进高校,他们虽然年龄差不多,但心理状态可谓千差万别。如果心理教育只是在普遍性上开展教育活动,难免就掉入抹杀大学生个性的泥淖。西方人重个体主义,特别崇尚自我的独立与个性,而我国自古就是一个"物以类聚,人以群分"的国家,费孝通先生的"差序格局"论(描述亲疏远近的人际格局,如同水面上泛开的涟漪一般,由自己延伸开去,一圈一圈,按距离自己远近来划分亲疏)是我国自古以来的人际格局的真实写照。大学生是千姿百态的、生机勃勃的个体,用统一的"模子"去指导、帮助他们心理成长肯定会犯类似"削足适履"的错误。因此,在面对大学生心理发展需要和心理教育专业人员不足的情况下,分群类教就是上上之选。在广泛性基础上选出一群群心理相似的人,以团体的形式(同质性团体),可以开放(原群内成员可以自由出入),亦可封闭,以发展性心理潜能开发或群内小组间脑力风暴、相互比赛等方式开展心理教育活动。当然教育者也可以采用其他方式开展心理教育。相同和相似的个体更容易彼此认同和接纳,会有更多相似或相同的人生话题,心理的凝聚力会更高。当然在采取分群类教方式开展心理教育时要提防负性心理相似性的传染作用。

分群类教原则是人的心理差异化的必然要求,它涵盖了心理教育的差异性和针对性原则。正如俗语所说,"人心不同,各如其面","天下没有两片相同的树叶",人与人之间的心理差异是不容置疑的。因此分群类教原则不仅是高校心理教育工作者为了更有针对性地开展心理教育的需要,更是应对大学生心理差异性的"灵丹妙药"。在开展分群类教式的心理教育时,渐进性的个体心理关注和整体性的心理目标推进是相辅相成的。分群类教原则是因材施教的原则,是教育差异性、共同性、特色化、针对性、实效性的结合。

但是,分群类教不是将受教育者人为分等,更不是分级,也不能"划群为牢",把他们固定或框死在一个团体或集体里。分群类教与大学生的自我认知是相关联的,不是教育者单方面的分群类教,而是与受教育者自我认知与评价相一致的分群类教,受教育者的自主性应该得到充分尊重和适当满足。

### (三) 主体间性原则

从一般性来说,大学生心理教育的教育主体是教师,受教育主体是大学生。二者是相互依存的主体间性关系。在心理教育过程中,教育者作为主体,受教育者也作为主体,充分发挥两者的主体性,在互动中两者的主体间性得到激发。这就如格式塔心理学所说,整体大于部分之和,心理教育内部要素的相互作用增大了单一方向的作用力,这可以说是 $1+1>2$ 的有力体现。当代大学生心理教育是建立在马克思主义人学基础上的教育,人的意识性、主体性和能动性得到充分尊重和满足,在心理教育过程中,坚持以人为本原理、坚持活动育人原理是发挥心理教育主体间性的充分体现。

虽然我国当代大学生中独生子女较多,但他们中绝大多数都是成人(年满18周岁);虽然当代大学生的生理成熟较上一代普遍提前,但是心理成熟却相对滞后。成人给他们带来的是"我的大学我做主""我的人生我做主"的人生理想,渴望成长、成才、做主的心理充塞着年轻的心灵。因此教育者把大学生作为受教育主体对待,不仅是心理教育的基本原则的体现,更是以人为本原理、自我成长原理的具体化。大学生不是被动的受教育主体，而是积极、主动的受教育主体。一句话，大学生心理教育中教育者与受教育者之间以及受教育者之间是积极、能动的主体间性关系，坚持大学生心理教育的主体间性原则是充分发挥心理教育的建构性功能的需要和体现。

从上文叙述中可以看出，大学生心理教育的形式原则：全面系统原则凸显了大学生心理教育的全体性和网络化特征；分群类教原则突出了大学生心理教育的差异性和针对性需要，能够促进大学生心理教育的实效性；主体间性原则彰显了大学生心理教育的主体性和以人为本原理、自我成长原理，对当代大学生心理机能的作用、心理潜能的开发、心理素质的提高起到非常大的促进作用。这三个原则的关系犹如点、线、面的关系。主体间性原则是大学生心理教育形式的"点原则"，分群类教原则是大学生心理教育形式的"线原则"，而全面系统原则则是大学生心理教育的"面原则"，它们三个涵盖了大学生心理教育形式的方方面面。

## 二、当代大学生心理教育的内容原则

### （一）普及教育原则

大学生心理教育的普及教育原则是我国大学生心理教育旗帜鲜明的原则，也是不同于众多欧美高校心理教育的一大特色。西方的高校心理教育工作更多是在心理咨询和治疗的层面上开展，而我国除了在心理教育的途径之一心理咨询上开展外（在《中华人民共和国精神卫生法》实施后，心理治疗不适合在高校进行），还在心理教育其他领域"大展宏图"。教育性是当代大学生心理教育当仁不让的功能，当代大学生心理教育从矫治原则到教育原则的转变是中国本土化心理学的特色，教育功能是我国当代大学生心理教育的主要功能。此外，"普及"二字不仅仅是指面向全体大学生，更主要指的是心理教育内容的广泛性。在大学生心理普及教育方面，我们认为可以走广而泛的路线而非深而精的路线，或者说以广而泛的内容为主，有些类似于心理教育科普的形式，毕竟大学生心理教育的目标是服务大学生心理素质的开发和提高，而不是心理科学研究。

大学生心理教育的普及教育原则集中体现在对大学生开展的课程和活动

的教育意义上。但是目前我国高校大学生心理教育的课程体系、目标、内容的建设还在摸索研究之中,尤其是积极心理学的浪潮来临之后,针对大学生开展心理教育的课程和活动等都要及时跟进以适应大学生心理教育的新发展需要。

大学生心理教育的普及教育原则是我国大学生心理教育广泛性和教育性的结合,是心理教育贴近大学生生活世界的体现,是心理教育以人为本原理的根本要求。

### (二)预防发展原则

从关注症状——"治病救人"式的症状咨询,到健康咨询,再到发展咨询,是我国大学生心理教育短短40年发展历史的清晰脉络,但这么说并没有抹杀健康教育或症状咨询的价值和意义,只是把工作的着力点作了调整而已。大学生心理教育的预防发展原则集中表现为对大学生心理机能和心理素质的发展性教育,这里最突出的学术理论就是积极心理学的理念和成果的运用。

预防发展原则是大学生心理教育的服务性和发展性的集中体现,预防的是心理问题、心理疾病,发展的是心理潜能、心理素质。预防发展原则不但指预防问题、疾病,而且还要关注开发大学生心理机能、培育其心理素质的理论和手段的发展性,并对大学生的心理机能和素质的开发和培育持发展辩证的态度。多鼓励、多同感、多接纳、多尊重,给予大学生有关"最近发展区"(Zone of Proximal Development,ZPD)的指导和期待,以促进其心理发展螺旋上升,止于至善。在心理教育过程中,教育者既不要对当代大学生心理状况持悲观态度,也没有必要盲目乐观,预防与发展并重,消极与积极并举,居安思危,才能行稳致远。

预防发展原则还体现为大学生心理教育自身的可持续发展性。没有自身的"造血机制",任何一个机体都不可能活得好、活得长久。中国的国情、中国大学生的身心状况、中国的社会文化传统是我国大学生心理教育的"造血干细胞"。扎根于自己的文化土壤,结合我国的实际,我国的大学生心理教育才能走得更稳,走得更远。

### (三)环境濡染原则

人总是生活在一定环境之中的,因此,环境对人的影响是无时无处不在的。墨子说:"染于苍则苍,染于黄则黄,所入者变,其色亦变。"荀子说:"蓬生麻中,不扶而直；白沙在涅，与之俱黑。"他们都是从人与环境的关系角度讨论环境对人成长的影响。

大学生心理教育的环境濡染原则主要体现为心理教育的隐性、渗透性教育内容的功能发挥。隐性、渗透性教育相对于传统显性课程教育而言是隐性课程（implicit curriculum）教育，是大学生实现自我管理、自我教育、自我服务的重要阵地。大学生心理教育是一个系统工程，从家庭、学校到社会，处于这个系统中的每一分子都在影响着大学生，只是有的是直接影响，有的是间接影响。心理教育的环境濡染原则主要表现为对家庭环境、校园文化活动、宿舍人际关系、学习环境等各方面的调节、控制、影响以及建设和管理，是心理教育管理育人、服务育人、教书育人、关系育人、文化育人、环境育人等功能的积极发挥。诚如马卡连柯所说："一个人不是由部分因素的拼凑培养起来的，而是由他所受过的一切影响的总和综合地造就成功的。"①

环境有物质环境和精神环境之别，两者都具有属人性。人是一个身心统一体，古之孟母三迁就是积极运用环境对人的濡染作用的生动例子。心理学家勒温（Kurt Lewin）认为人总是生活在一个心理场之中，这个"场"是指在特定的时空内人与人、人与周围环境相互作用的结果，它非常类似于物理学中所描述的"场效应"，即其中任何一部分都会对其他部分产生影响。而环境的濡染作用就是以一种潜移默化的、全方位的方式营造了这种育人的"心理场"。努力建设以提高环境的积极濡染功能定会使心理教育收到事半功倍的实效。

环境濡染的育人作用要求人与环境的和谐，人与他人、自我的和谐，是真诚、尊重、共情的具体表达。环境濡染原则突出了大学生心理教育的养成性、整体性、积极性和文化性的特征。优化大学生所处环境，促进环境的积极濡染作用，是建构当代大学生心理教育生态模式的有效途径，亦是当代大学生心理教育今后要着力发展的方向。

---

① 莫雷,任旭明,张卫,等.中小学心理教育基本原理[M].广州:暨南大学出版社,1997:21.

# 第三章

当代大学生心理教育的制度与队伍建设

大学生心理教育的制度与队伍建设关系着大学生心理教育的人、财、物的方方面面。人们常说,"没有规矩,不成方圆""巧妇难为无米之炊"。大学生心理教育的"制度"犹如心理教育之"规矩",而"队伍"就像心理教育之"炊米"。由此可见大学生心理教育的制度与队伍建设的重要性。

# 第一节　当代大学生心理教育的制度建设

## 一、当代大学生心理教育制度建设现状

进入21世纪,我国对大学生心理教育的重要性愈来愈重视,颁布了一系列相关文件。大学生心理教育被看成是增强国家竞争力、提高国民素质、维护安全稳定、建设和谐社会的一项重要工程,其重大而深远的意义已逐渐被社会各界所接受。2004年中共中央、国务院发出《关于进一步加强和改进大学生思想政治教育的意见》,强调"三要":要重视心理健康教育;要制订大学生心理健康教育计划;要建立健全心理健康教育和咨询的专门机构。2005年,教育部成立了由25人组成的普通高等学校心理健康教育专家指导委员会。2011年2月23日,教育部办公厅下发了《普通高等学校学生心理健康教育工作基本建设标准(试行)》,对高校学生心理健康教育提出了一系列"硬指标",如建立健全校、院(系)、学生班级三级心理健康教育工作网络,建设大学生心理危机预防与干预体系等。与此同时,各省市也陆续成立了专家指导委员会并下发了指导性文件,规范和加强了大学生心理教育工作。一方面为了贯彻政府的指令,另一方面关注到大学生心理教育工作制度建设的重要性和紧迫性。

(一)当代大学生心理教育机构制度建设现状

1. 机构设置

陈增堂在《论我国高校心理咨询的工作体制》一文中指出,我国高校心理教育工作现行体制,主要有以下四种模式:(1)党政机关模式。这一模式有三种挂靠方式,即挂靠学生工作部(处)、党委宣传部和校团委。(2)基层工作模式。

这种模式主要挂靠具体相关学院,如心理学系、人文学院、管理学院、社科部或学校医务科等。(3)服务工作模式。如复旦大学心理教育体制就是采用的这种模式。(4)直属机构模式。心理教育机构作为学校的一个相对独立的工作机构,直接由分管学生工作的学校领导管理。

樊富珉在作题为《中国高等学校心理健康教育工作的成长》的大会报告时指出:至今我国大学普遍建立了心理咨询机构,全国已有95%以上的高校设立了大学生心理咨询机构,大部分隶属于学生处,人、财、物得到了相应保障;高校心理教育工作从曾经的"六无"到现在的"六保",即从无组织、无政策、无经费、无场地、无设施、无待遇到机构保障、政策保障、经费保障、场地保障、设施保障、待遇保障。2011年笔者在长三角16所高校获得的调查结果也大致如此。

总体来说,目前我国高校大学生心理教育机构设置主要有以下四大类型。(1)管理型:挂靠行政机关,主要挂靠在学生工作管理部门;(2)专业型:挂靠在院(系)、教研室;(3)半社会化型:学习国外的心理服务模式,类似于学校后勤社会化的模式;(4)独立型:犹如一个独立的院(系),人、财、物都是自己说了算,直接向校领导负责。从实践来看,每一种类型的心理教育机构设置都有其合理的一面,也有其不足之处。其中管理型模式占了"半壁江山",独立型模式是专家和学者们都很看好和盼望的运作模式。

2. 设备配置

大学生心理教育需要工作场所和办公设备,而且由于其工作性质的特殊性,尤其在心理咨询室的建设方面需要特别设置。我国大学生心理教育从20世纪80年代的"一桌两椅"发展到现在大部分学校都配备了较好的硬件设施,最重要的是大家看到了心理咨询的特殊性,更多从人性化方面考虑咨询室的环境和硬件建设,比如环境要安静、温馨、怡人,咨询室内的装饰要简洁、温馨等;而且随着科技的发展,电脑、生物反馈仪、沙盘、减压设备、心理测试软件、相关图书和音像制品等已成为许多高校大学生心理咨询室的基本硬件配置。

(二)当代大学生心理教育运作制度建设现状

在当代大学生心理教育的发展过程中,心理教育工作的运作制度是心理教育工作开展的具体化保障制度,涉及人财物的分配、使用、考评等一系列问题。

1. 人事管理制度

2001年,教育部《关于加强普通高等学校大学生心理健康教育工作的意见》(教社政〔2001〕1号)中,对大学生心理教育人事制度提出了具体的指导建议:高等学校应配备专职人员作为学校心理健康教育工作的骨干,其编制从学校总编制或专职学生思想政治工作编制中统筹解决。各省(市)教育厅对此也作了一些参照执行的补充规定。而笔者所做的调查发现,有的高校心理教育中心一年的经费高达百万元,而有的高校只有3万~5万元;有的高校专职人员近10人,而有的只有1~2位专职人员;有的专职人员属于教师编制,有的属于行政编制,还有的属于二者兼而有之。与此对应,在工作考评和职务晋升方面,有的专职人员走教师系列,而有的走行政系列。

目前我国只有少数高校做到了"政府的要求"。在这方面,政府仍需加大力度进行督促和检查,必要的时候也需要一些硬性规定。

据教育部全国高校心理健康教育数据分析中心统计,到2006年,全国1 000多所高校从事心理教育的专职教师有2 106人;2006年北京78所高校有108位专职心理教育教师,校均约1.38人,师生比约为1∶5 600[1];2007年浙江省55所高校专职心理教育教师共105人,校均约1.91人,师生比约为1∶9 250。当前,不足10%的高校能达到教育部要求的1∶5 000的师生比,有的高校则为1∶30 000。[2] 鲍振兴在《高校心理健康教育队伍建设存在的问题及对策》一文中指出:国外高校专职心理咨询人员与学生的比例大致为1∶400,而国内高校大致为1∶10 000。[3] 这与西方发达国家和我国香港、台湾地区高校相比,相差甚远,如美国1999—2000年的高校师生比平均为1∶1 681.5;我国台湾地区高校师生比平均为1∶1 500;我国香港地区高校师生比平均为1∶1 000。总之,师资力量的严重不足,成为目前我国大陆高校心理教育发展的瓶颈。

---

[1] 叶铁桥,郭姗姗,郝广杰.北京10天内5名高校学生坠楼身亡[N].中国青年报,2007-05-22(6).

[2] 冯铁蕾.高校心理健康教育师资队伍现状及政策建议[J].湖北大学学报(哲学社会科学版),2008(6):125-129.

[3] 鲍振兴.高校心理健康教育队伍建设存在的问题及对策[J].吉林省教育学院学报(学科版),2011(10):33-34.

## 2. 经费使用制度

2001年,教育部《关于加强普通高等学校大学生心理健康教育工作的意见》(教社政[2001]1号)中,对大学生心理教育财务制度也提出了具体的指导建议:高等学校开展大学生心理健康教育工作的经费原则上在德育工作经费中统筹解决。各省(市)教育厅对此也作了一些参照执行的补充规定,如江苏省教育厅2009年在建设大学生心理教育示范中心时要求:心理教育工作经费要纳入学校预算,专项单列,专款专用;本科生院校以生均不低于每年15元的费用投入学校心理教育工作。

以大学生心理教育工作比较先进的江苏省为例,邱再洁等人调查发现,在2002年之前,江苏省半数以上高校都没有相应的工作经费(2000年57.4%的被调查的高校都没有此经费,2001年为55.3%,2002年为50.0%);2003年情况有所改善,没有工作经费的高校占43.6%;到了2004年,还有33.0%的高校没有大学生心理教育工作经费。[①] 此外,我国各高校的心理教育中心的工作经费很少是独立的,有的是与挂靠单位在"一个盘子里吃饭",说有就有,有多少就不好说了;还有的是根据需要向分管领导汇报、索要,而分管领导往往负责好几个部门的工作,对心理教育机构的业务工作并不很熟悉,因此支持的力度就打了折扣。虽然在政策层面,教育部和各省(市)教育厅就大学生心理教育工作经费问题都有文件指示,但鲜有学校照章执行。总之,经费欠缺成为目前高校心理教育发展的又一个瓶颈。

## 3. 工作开展制度

目前我国高校心理教育已形成了一系列的工作制度,如心理咨询守则、心理测试守则和保密制度、心理档案保管制度、咨访协议制度、首诊负责制度等。其中危机干预机制和心理教育评价体系建设是目前大学生心理教育工作制度建设的热点。

心理教育工作制度举例:

### 心理咨询工作守则

××大学心理教育中心是为我校大学生心理健康教育服务的专门机构,心

---

① 邱再洁,桑志芹,费俊峰.江苏高校大学生心理健康教育和咨询工作基本情况研究[J].扬州大学学报(高教研究版),2008(1):26-30.

理咨询是本中心的一项重要工作。在心理咨询工作过程中,所有咨询教师必须遵守以下规则:

1. 热情、真诚接待每一位来访者;
2. 向每一位来访者郑重承诺为其保密;
3. 无条件积极关注每一位来访者;
4. 给予每一位来访者充分的理解与信任;
5. 严禁与来访者建立除咨访关系之外的其他任何关系;
6. 认真做好咨询记录并妥善保管。

××大学心理教育中心<br>2006年9月

但是总体来说,目前我国高校心理教育工作制度建设是心理教育亟须深入探索的领域。

## 二、当代大学生心理教育制度建设存在的问题

我国当代大学生心理教育制度建设从一穷二白的自发状态到现在普遍发展,且具有了一定规模:从教育部、各省(市)教育厅到各高校一以贯之的机构管理体制的建成;一个全国性的大学生心理健康教育专家指导委员会和各省市大学生心理健康教育专家指导委员会的成立;95%的高校建立了心理教育中心,配备了硬、软件设备和专、兼职人员;在心理教育工作评价方面,各高校都有自己的标准,如课程的开设要求、心理咨询的门诊量、心理教育课题研究和科研论文的发表方面的要求,甚至某些高校将大学生危机事件的发生率作为该校大学生心理教育工作的考评指标;等等。我国当代大学生心理教育制度建设取得的进步是不言而喻的,但也存在不少问题,集中表现在以下三个方面。

### (一)政府的政策和学校的对策存在一定距离

关于大学生心理教育工作的重要性,无论是政府还是高校都已达成共识。我国政府在进入21世纪以来,下发了一系列相关的文件,对大学生心理教育的方方面面都作出了指示,不可谓不重视。但在具体操作时,我国许多高校因为

一些现实原因而不能按政策文件要求执行，如专职人员的配置问题、经费投入问题等。引进专职人员必然占用学校的编制，而有的高校因为人事处对师资的要求而执着于博士人才的引进，但心理教育是个应用性很强的学科，即便是心理学博士也未必能够胜任，即使来了也很难留得住。经费的问题更是令高校头疼的问题，高校总是觉得经费不够用，所以就会在能省的地方尽量去省，而心理教育经常就会沦为那个"能省的地方"。中国心理卫生协会大学生心理咨询专业委员会原主任王建中认为，这种状况"一方面可能存在人力和财力的问题，另外一方面也可能和高校的发展以及领导的意识有关"。

### （二）高校的领导和专家的意见不能达成一致

目前，我国还有不少高校的心理教育中心几近成了摆设。所谓的专职教师因心理教育中心挂靠其他单位而成为挂靠单位的专职人员，如挂靠在学生处的人员就经常参与学生处的工作，如招生、就业等，理由是没有学生来做咨询，不能闲着。而且在某些知名高校，心理教育工作更有沦为鸡肋之嫌，因为对学校领导来说，要关心的地方很多，要支持的地方也很多；而在一些一般院校，学校领导认为这是个可以让学校出彩的地方，因此格外支持，所以该校的大学生心理教育就发展得很好，走在兄弟院校的前列。

心理教育专家和高校领导经常性地"隔空对话"，一个关注专业化和规范化，一个重视全局性和实用性，所以二者的对话就颇具戏剧性，"各自念自己难念的经"，沟通陷于困局之中，意见较难达成一致。

### （三）硬性制度建设和软性制度建设不相匹配

随着我国经济的飞速发展，"不差钱"尤其体现在高等教育上。目前，全国许多高校都建设了新校区，宽敞和明亮的新校区自然也要配备崭新的设备和优越的办公环境。一些高校的心理教育中心的场所和硬件设备都非常大气、先进甚至豪华。对全国高校来说，现在硬件设备的配置情况比20世纪80年代不知要好多少倍，然而动辄几十万元的生物反馈仪买回来就几乎天天在"睡大觉"；专职人员的引进和继续培训等软性制度建设方面却总是捉襟见肘，不是没有编制，就是应聘人员不合乎要求，工作经费也总是处于紧张状态。前文的"心理教育工作制度"方面尤其显示出我国当代大学生心理教育制度建设的"短板",譬如我国高校普遍没有心理咨询的督导制度等。其实,用钱能解决的问题应该说都不是真正的问题,尤其是对我国目前的大学生心理教育来说更是如此,真正的难题是如何尽快建设心理教育的软性制度,使硬、软性制度能够配套。就笔者的见闻而言,目前我国大陆高校(尤其是长三角地区)的大学生心理教育硬件建设与港台地区的高校相比,可以说是更好(虽然硬件建设只是硬性制度建设的一小部分),但在软性制度建设方面,差距还很大。

## 三、建设规范化大学生心理教育制度

大学生心理教育制度可分为制度的机构体系和制度的机制体系两部分。大学生心理教育制度的机构体系主要包括行政性组织规划和领导机构,职业化和专业化的工作队伍及其赖以栖身的机构,专项经费保障制度等,大学生心理教育制度的机构体系又可称作硬性或刚性心理教育制度;大学生心理教育制度的机制体系包括大学生心理教育教学工作、心理咨询、心理测试、心理档案管理、督导和进修学习、工作考评等制度,它又可称为软性或柔性心理教育制度。大学生心理教育制度的机制体系建设,重在针对制度机构体系建设的需要,对其工作运行机构的基本行为准则、人员的职业能力和工作规范的系统制定进行检查和督促,保障其落实见效。

从整体上看,目前我国大学生心理教育制度的机构体系已初步形成,但尚未真正制度化。大学生心理教育制度的机构体系是支撑大学生心理教育工作的物资储备库,是物质基础;而大学生心理教育制度的机制体系是保障大学生心理教育可持续发展的精神加油站,是上层建筑。本书认为,在大学生心理教育制度的机构体系建设方面应以领导(政府政策)的意见为主,而在大学生心理教育制度的机制体系建设方面应以专家的意见为主。当然,大学生心理教育制度是一个完整的体系,只是为了便于论述才把它进行人为拆分,其实在现实生活中,二者有时又不是那么容易区分的。但从理论上讲,在制度建设过程中合理性和合目的性的统一才是最佳的。领导和专家达成共识后建立的大学生心理教育制度才是最具持续发展性的。

### （一）大学生心理教育制度机构体系建设

首先，作为高校大学生心理教育工作的执行单位，大学生心理教育中心的名称也还需要统一。迄今为止，各高校大学生心理教育中心的名称虽然大体相同，但还是有细小的差异，如大学生心理辅导中心、大学生心理咨询中心、大学生心理发展中心、大学生心理中心、大学生心理健康教育中心、大学生心理健康教育与研究中心，等等。我们认为，名称不仅仅是个代号，在某种程度上它还表达着我们的工作理念，传递着我们的工作内涵。我们建议大家统一称"大学生心理教育中心"比较稳妥，因为"教育"可以涵盖"辅导"和"研究"，"心理健康教育"包含在"心理教育"之中。其次，目前我国高校大学生心理教育机构80%以上都是挂靠管理型设置，而大多数挂靠的单位都是学生处。[①]"挂靠"作为一种权宜之计或过渡型机制，它的依附性曾有"一便、二快、三省"的有利一面："一便"是便于对口行政管理；"二快"是指发动快、行动快；"三省"是省钱、省人、省物（甚至不少学校是两块牌子一套班子）。但随着高校心理教育工作的日渐发展壮大，心理教育发展要步入一个新的台阶，依附性管理也逐渐凸显出"一强、二慢、三不"的弊端。所谓"一强"是指行政依赖性过强，"二慢"是指行政程序反应慢、应对形势适应慢，"三不"是不利于优化资源配置、不利于创新管理模式、不利于高校心理教育专业化发展。所以，有条件的高校还是采取独立建制、直属机构模式的大学生心理教育中心为上上策。独立建制的大学心理教育中心直接向学校分管领导或领导小组（大学生心理教育指导委员会）负责，属于垂直化、直接管理。但是大学生心理教育是个系统工程，需要学校各职能部门和院（系）的合作才能把工作落到实处，因此，网络化沟通是必不可少的。从这个意义上讲，大学生心理教育机构体系的建设要将垂直化管理和网络化沟通合为一体，打造全员、全面、系统、整合的大学生心理教育制度机构体系。图3-1是笔者构建的大学生心理教育制度机构体系：

---

① 邱再洁,桑志芹,费俊峰.江苏高校大学生心理健康教育和咨询工作基本情况研究[J].扬州大学学报(高教研究版),2008(1):26-30.

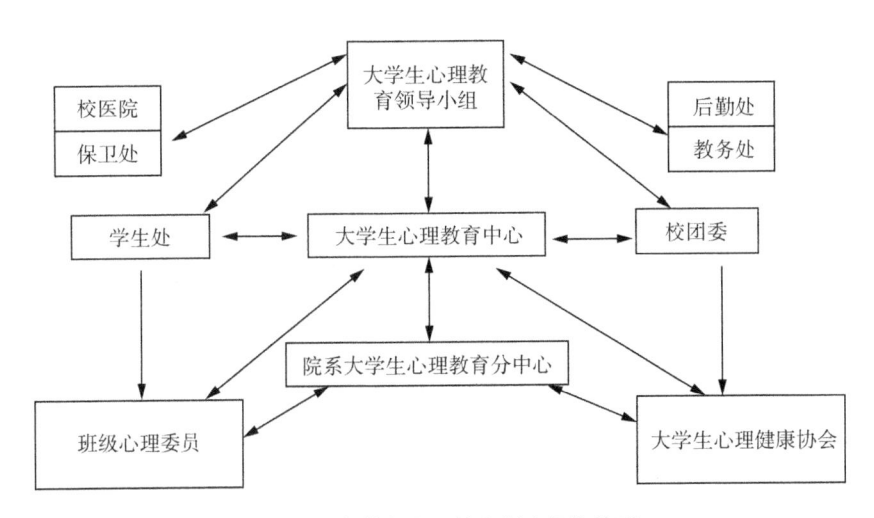

图 3-1 大学生心理教育制度机构体系

这个体系具有三个特点：

(1) 管理垂直化

这个体系的垂直化管理表现为：大学生心理教育领导小组—大学生心理教育中心—院（系）大学生心理教育分中心—班级心理委员和大学生心理健康协会。鉴于专家和领导经常只能"隔空对话"，我们建议学校在成立大学生心理教育领导小组（大学生心理教育指导委员会）时，学校里的心理教育专家能够被接纳进来，这样双方的沟通可能会更通畅。这充分体现了独立建制的大学生心理教育制度机构的垂直化管理体系：大学生心理教育领导小组（大学生心理教育指导委员会）是最高权力组织（可以由学校"一把手"领导分管，但我们更推荐成立领导小组），大学生心理教育中心—院（系）大学生心理教育分中心—班级心理委员和大学生心理健康协会是目前我国高校大学生心理教育工作的三级网络，它们彼此之间是双向互动的关系。大学生心理教育领导小组（大学生心理教育指导委员会）的成员来自校医院、保卫处、后勤处、教务处、学生处、校团委和学校各院（系）主管学生工作的副书记（图 3-1 中没有标示出，因各个学校都不一样）等，他们之间是平等合作的关系，在大学生心理教育领导小组（大学生心理教育指导委员会）的领导下实现无缝对接。而班级心理委员作为一级学生组织，其行政领导是辅导员，行政领导组织是学生处。大学生心理健康协会和校团委的关系也是这样，二者的业务能力直接向大学生心理教育中心负

099

责,但也间接向它们的行政领导负责。这种体制关系便于强化这两个学生组织的功能,因为它们的自由和流动性较大。

大学生心理教育领导小组在这个机构体系中起总的人事协调、政策决策和主要管理作用(人、财、物的分配、协调和管理);大学生心理教育中心是这个机构的核心组织,起具体组织、管理和执行作用;院(系)大学生心理教育分中心是承上启下的二级网络组织,它在学生事务管理上直接与学生接触,而在心理教育工作方面接受大学生心理教育中心的业务指导。因此,作为二级网络,它与一级网络大学生心理教育中心是既有合作又有业务领导的关系。

(2) 运作平行化

从这个体系里可以看到有三处平行关系:校医院、保卫处与后勤处、教务处;学生处与校团委;班级心理委员与大学生心理健康协会。众所周知,大学生心理教育是一个系统过程,大学生在校园里学习、交友、生活等与各职能部门、院(系)有密不可分的关系,但是如果各单位"自扫门前雪",那么大学生心理教育工作就很难开展。只有大家帮大家,事情才能做好,才能把大学生培养好。

平行化运作便于大学生心理教育工作的普遍性和实效性功能发挥。其实这个体系的建立就是为了打破大学生心理教育中心隶属于或挂靠于一个单位的局面,而现在在大学生心理教育领导小组的直接领导下,资源的调配和部门之间的贯通都相当有力。同时,这些平行的关系虽然在纵向上似乎有隔阂,但由于拥有共同的最高组织,所以隔阂也就不存在了。

(3) 沟通网络化

笔者构建的大学生心理教育制度机构体系,远看犹如一只青蛙。两侧连接的箭头就像青蛙的腿一样,推动着这只"青蛙"走得更快。其实,大学生心理教育四级网络的搭建和网络化沟通功能是相辅相成的。目前,在我们的生活中,信息非常重要,信息的及时沟通也很重要。

网络化沟通似乎比垂直化沟通更慢一些,但网络化沟通的信息更丰富。它的丰富性在一定程度上也弥补了它的延时性。网络化沟通信息的丰富性不仅在于沟通渠道的多样性,更重要的是信息源的多样性;而且网络中的有关机构和人员的沟通是双向互动的,因此,整个体系虽然自成一体,但它又是开放的、动态的。

从总体上来说,这个体系运行良好的前提是必须有一个强有力的"最高组织"——大学生心理教育领导小组。此外,对于那种"上有政策,下有对策"的做法(政府关于大学生心理教育工作的指导性文件接二连三地下发,但各学校各有一本难念的经),我们吁请政府不能只靠检查来督促各学校执行,有时候适当的物质和精神支持更能起到促进执行的作用。

### (二)大学生心理教育制度机制体系建设

大学生心理教育制度的机制体系在我国各高校中的建设更是各有不同。虽然自 20 世纪 90 年代中期以来,国务院和地方政府就陆续下发了一系列文件来规范大学生心理教育工作的方方面面,在机构体系和机制体系方面都有相关政策和文件,但大学生心理教育机制体系的建设较机构体系的建设而言更为杂乱和不规范。因前者更多是硬性指标,易于规范,而后者多是软性指标,不易外现,因此后者常常被有意无意地忽略了。

目前,关于我国大学生心理教育制度机制体系建设,业界研究了很多,已有许多共识,集中在教学、咨询、活动和科研四个方面,而且工作路向也已转变为以发展性教育为主,积极心理学的理念正逐渐融入工作中。因此教学、咨询、活动和科研方面的工作机制虽然各高校不尽相同,当然也未必适宜相同,但这并不是各高校困惑的主要问题。机构和人员的可持续性发展建设才是当代大学生心理教育制度机制体系建设要着力攻关的难题。这个方面的难题有很多,可以说它是一个与时俱进的难题,随着时代的发展、心理教育的发展和其他相关学科的发展而发展。目前它主要体现为:

(1)危机预警和干预机制建设;

(2)心理教育工作评价机制建设;

(3)促进机构积极运作的机制建设;

(4)心理咨询督导机制建设;

(5)朋辈辅导机制建设。

本节只就危机预警和干预机制建设、心理教育工作评价机制建设略论一二(队伍的可持续性发展问题将在下节论述),以抛砖引玉。

1. 危机预警和干预机制建设

当前,高校心理教育危机预警和干预机制建设已成为热点,各高校也都在

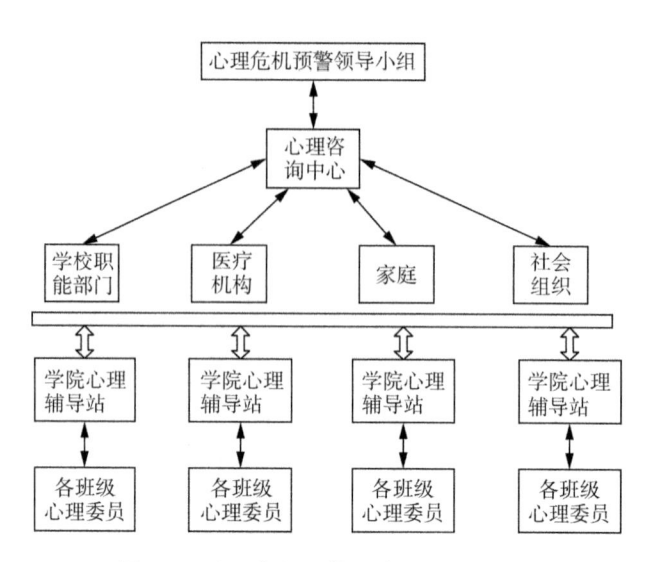

```
          心理危机预警领导小组
                  ↕
              心理咨询中心
          ↙      ↓    ↓      ↘
      学校职能   医疗   家庭    社会
      部门      机构           组织
        ↕        ↕      ↕      ↕
      学院心理  学院心理 学院心理 学院心理
      辅导站   辅导站  辅导站  辅导站
        ↓        ↓      ↓      ↓
      各班级   各班级  各班级  各班级
      心理委员 心理委员 心理委员 心理委员
```

**图 3-2　心理危机预警系统及信息流程图**

积极构建自己的危机预警和干预机制。许志红在《大学生心理危机预警机制研究》一文中构建了一个"心理危机预警系统及信息流程图"(见图 3-2);[①]蒋志勇认为,对大学生心理危机的干预可采用宣传干预、教育干预、活动干预、辅导干预、救助干预等方式。[②] 总之,他们的研究对大学生心理危机预警和干预机制的构建都很有启发。

大学生心理危机预警和干预机制的建立由两个部分组成,一个是危机预警机制,另一个是危机干预机制。危机预警机制的建设重在联动性和及时性,前者指的是各职能部门的及时联动,后者强调的是信息传递的及时和畅通,在这个意义上,建设危机预警机制就是发动所有能够发动的人,大家联合起来,群策群力、群防群守,家庭、学校、院(系)、班级、宿舍、保卫处、后勤处、校医院和社区派出所、医院等建立联动机制,预防危机和紧急处置危机。危机干预机制的建设重在提升大学生心理教育中心处理危机的专业能力。一般来说,危机的预警机制和大学生心理教育制度机构的网络化建设关系比较密切,而干预机制和大学生心理教育工作队伍快速、专业的反应能力密切相关。因此,在建设大学生心理危机预警和干预机制时,除了借鉴前面的机构体系网络化建设外,心理教

---

[①] 许志红.大学生心理危机预警机制研究[J].教育探索,2007(12):117-119.
[②] 蒋志勇.建立大学生心理危机预警及干预机制的探讨[J].中国成人教育,2006(3):43-44.

育工作队伍的专业化、规范化建设也刻不容缓。

应对大学生心理危机是一个过程行为,从发现危机、评估危机、处理危机、危机后辅导到度过危机,应是"一条龙"的心理服务,不能仅仅局限在当时、当地。能否建设科学、规范化的危机预警和干预机制是对大学生心理教育工作的严峻挑战。大学生心理危机预警和干预机制的建设不仅应遵循网络化、信息化和专业化的原则,还要做到积极协调、承诺保密,并与家长和其他社会资源建立联系。

2. 心理教育工作评价机制建设

目前我国在大学生心理教育工作评价机制领域的研究相对来讲比较少,但是大家越来越认识到心理教育工作评价机制建设的重要性。张秀敏在《学校心理教育绩效评估体系初探》一文中指出:对于上级教育行政单位来说,通过对心理教育绩效的评估可以了解教育目标的达成情况,了解下一步的教育重点,决定下一步的工作或活动,改进工作成效。对于学校自身来说,一方面通过评估可了解工作的困难,获得更多的支持;另一方面,通过评估可使学校工作人员获得理论探讨的机会,促使课程、教材、教法得以不断改进。同时,评估工作的集体参与过程,往往还能促进校内各部门工作人员的分工与合作,为日后工作的进一步开展打下良好的基础。对于学生来说,通过评估,不仅使他们对自己的心理健康状况有所了解,而且通过学校、教师、自身的努力,可改善他们的心理健康状况,间接地为他们的日常生活、学习打下良好的心理基础,促进他们全面发展。[①] 冯铁蕾对62所高校的调查数据显示,几乎所有高校都没有专门的工作绩效评价制度及对专职人员的考核方式,除7所学校未显示信息外,其余55所高校中,无此项制度要求的占7.35%,督导组评价的占14.54%,同行评议的占12.72%,按行政人员考核的占65.45%(计算结果已四舍五入)。"工作成效的评估关乎心理健康教育工作的健康发展,建立合理有效的评估体系是目前急需建设的制度性问题。"[②]

2007年12月,北京市委教育工委组织了高校大学生心理教育工作评估,

---

① 张秀敏.学校心理教育绩效评估体系初探[J].东华理工学院学报(社会科学版),2005(4):516-519.

② 冯铁蕾.高校心理健康教育师资队伍现状及政策建议[J].湖北大学学报(哲学社会科学版),2008(6):125-129.

专门制定了《北京高校学生心理素质教育工作建设与评估标准》（以下简称《评估标准》），见表3-1。

(1)《评估标准》一级指标为7项，二级指标为13项，评估分值总计100分；

(2) 评估结论分为A级≥90，B级（90＞分值≥80），所有学校必须达到B级标准；

(3) 评估方式为查阅资料、召开学生座谈会、听课和问卷调查、随机抽查等。

表3-1 北京高校学生心理素质教育工作建设与评估标准

| 一级指标7个 | 二级指标13个 | 评估分值100分 | 建设标准 | 检查内容 | 评估参考 |
| --- | --- | --- | --- | --- | --- |
| 领导重视 | 领导重视 | 5 | | | |
| 教育教学 | 课程教学 | 10 | | | |
| | 教育活动 | 10 | | | |
| 咨询服务 | 个别咨询 | 10 | | | |
| | 团体辅导 | 5 | | | |
| 危机干预与预防 | 工作体系 | 10 | | | |
| | 普查排查 | 10 | | | |
| | 员工培训 | 5 | | | |
| 条件保障 | 教师队伍资格与建设 | 10 | | | |
| | 经费投入 | 5 | | | |
| | 场地设施 | 5 | | | |
| 特色工作 | 特色工作 | 5 | | | |
| 工作效果 | 工作效果 | 10 | | | |

从表3-1中可以看出，北京市的这个心理素质教育工作建设与评估标准涉及大学生心理教育的硬、软性制度建设的方方面面，是大学生心理教育工作的一次全面检阅，它的一级指标和二级指标都非常具有借鉴性，值得学习。

2008年，由教育部高校专家指导委员会主任委员王建中主持的教育部重大课题"普通高等学校大学生心理健康教育工作基本建设标准"顺利完成。这个研究成果为全国高校心理教育工作的建设和发展提供了参考标准并起到了示范作用。沈贵鹏和凌纪霞认为，心理教育评价涵盖目标评价、过程评价和结果评价;评价应注重综合性、情境性和对话式;评价中则要充分考虑评价的教育性、发展性、主体性、客观性和全面性;心理教育评价标准可以从教师、学生、教育过程三个维度制定;"心理档案袋"是心理教育评价的有效方式之一。[①] 参照沈贵鹏和凌纪霞的评价体系来看北京市的评估指标,后者更多体现了上级部门对大学生心理教育的规范要求,而专业人员和大学生对心理教育的评价如何,在此表中没有涉及,只是在检查时的座谈、问卷调查环节才有所体现。

我们认为目前我国大学生心理教育工作评价机制建设尚处于初始阶段,因此构建对心理教育硬性制度建设的评价体制迫在眉睫。但从长远来看,我国大学生心理教育工作评价机制的建设应是三方面意见和建议的有机统一:社会和家庭,政府主管部门和学校领导,专、兼职教师和广大大学生。大学生心理教育工作评价机制建设是目前我国大学生心理教育领域亟须深入探索的领域,它的建设健全关系着大学生心理教育科学、规范、可持续发展的方方面面。

## 第二节 当代大学生心理教育的队伍建设

2002年,为落实教育部《关于加强普通高等学校大学生心理健康教育工作的意见》,推动大学生心理教育工作走向科学化、制度化和规范化的轨道,教育部社政司提出:"加强高校大学生心理健康教育工作的关键在教师。当前,应把队伍建设放在突出的位置抓紧抓好。"[②]2005年,教育部、卫生部、共青团中央在《关于进一步加强和改进大学生心理健康教育的意见》中指出:"要重视大学生思想政治教育工作人员,特别是辅导员和班主任在大学生心理健康教育中的重要作用,加强培训。""加强大学生心理健康教育和咨询工作专兼职教师的培训。……逐步使专职心理健康教育和咨询人员达到持证上岗要求。"在我国政府和专业人士的积极推动下,大学生心理教育队伍的建设问题被提上大学生心理教育工作的议事日程。

---

[①] 沈贵鹏,凌纪霞.关于心理教育评价的思考[J].江南大学学报(教育科学版),2008(2):38-42.
[②] 教育部社会科学研究与思想政治工作司.重在建设 立足教育 科学规范大学生心理健康教育工作[J].中国高等教育,2002(5):7-8.

## 一、当代大学生心理教育队伍的现状

当前,我国高校心理教育师资队伍已不断扩大,专职教师正逐渐成为骨干力量。据教育部全国高校心理健康教育数据分析中心统计,到2007年,全国高校内从事心理健康教育的专职教师已有2 106人。[①] 从队伍结构看,年轻化、专业化程度已越来越高,整体素质也日渐提升,这为我国高校心理教育工作领域的拓展奠定了较好的基础。但是,2023年全国大概有3 000所高校,在校大学生有4 000余万名,从这些数字可以看出,我国大学生心理教育师资依然匮乏。因此,对这支人数"有限"的队伍进行建设以发挥"无限"的作用是新时期大力发展和繁荣大学生心理教育的当务之急。

### (一)当代大学生心理教育队伍的结构现状

2005年教育部、卫生部、共青团中央在《关于进一步加强和改进大学生心理健康教育的意见》中明确提出,要建设一支以专职教师为骨干,专兼结合、专业互补、相对稳定、素质较高的大学生心理健康教育和心理咨询工作队伍。目前这支大学生心理教育的队伍,主要由以下三类人员构成:(1)从事心理学、教育学教学及研究人员;(2)心理医生;(3)从事学生工作的管理人员。[②] 以江苏省大学生心理教育工作队伍为例,邱再洁等人调查了江苏省94所高校的大学生心理教育队伍状况,发现"仍然有16所高校(占17.0%)无专职工作人员,其中54.3%的高校中专职工作人员数为1~2人,24.5%的高校专职工作人员数为3~4人,可见专职工作人员在高校中还是少数成员。值得欣慰的是,36.2%的高校有1~5名兼职工作人员,23.4%的高校有6~10名兼职工作人员,还调查到几所高校填写的兼职人员数大于40人,最高的填写了90人,据了解这些学校将参与学校心理健康教育中心工作的辅导员记入了兼职人数之中。本次调查进一步验证了2002年的调查结果,在调查的94所高校中专兼职人员总数为1 204人,其中专职

---

[①] 冯铁蕾.高校心理健康教育师资队伍现状及政策建议[J].湖北大学学报(哲学社会科学版),2008(6):125-129.

[②] 桑志芹.高校全员性心理健康教育的思考[J].高校辅导员,2011(1):10-16.

177人(占总数的14.7%),兼职1 027人(占总数的85.3%),目前的大学生心理教育工作队伍还是专少兼多的专兼结合"①。笔者2011年在长三角16所高校所做的调研结果亦是如此(详情请见第一章)。

目前,我国大学生心理教育工作队伍的结构现状:以专职与兼职相结合的形式存在,兼职教师的人数大大多于专职教师的人数。

### (二)当代大学生心理教育队伍的素质现状

邱再洁等人调查发现,在江苏省94所被调查高校中共有正高级专业技术职务人员57人,副高级专业技术职务人员218人,中级专业技术职务人员336人,初级专业技术职务人员360人。总体来看,高校心理健康教育和咨询工作队伍的职称分布状况仍然是以初、中级专业技术职务人员为主,72.3%的被调查高校没有高级专业技术职务人员。人员组成主要是以教师为主(共553人),以干部为辅(共356人),少数为医生(共93人)。②鲍振兴指出,目前高校大学生心理教育队伍主要有三种类型:一是专业型队伍,依托相关专业,有专职的心理教师,能为学生提供专业的咨询和服务;二是管理型队伍,主要挂靠学生工作管理部门,由辅导员或兼职人员担任心理辅导工作;三是混合型队伍,有专职心理教师,也有兼职心理辅导员,还有医务人员。大部分高校均是管理型队伍,而从事心理辅导兼职工作的辅导员、班主任和其他管理人员,大多是"半路出家",大都没有经过正规、系统的心理学知识与技能的培训,缺乏心理咨询方面的技巧和经验。③

以邱再洁等人调查的江苏省大学生心理教育队伍为例,他们发现87.3%的被调查高校的专、兼职工作人员的平均年龄在40岁以下,其中48.9%被调查高校平均年龄为31～35岁,61.7%的被调查高校中35岁以下工作人员比例大于40%,这些都昭示着整个工作队伍充满着朝气。绝大部分被调查高校都反馈,心理健康教育和咨询工作人员参加过相关的国家、省级、市级

---

① 邱再洁,桑志芹,费俊峰.江苏高校大学生心理健康教育和咨询工作基本情况研究[J].扬州大学学报(高教研究版),2008(1):26-30.
② 邱再洁,桑志芹,费俊峰.江苏高校大学生心理健康教育和咨询工作基本情况研究[J].扬州大学学报(高教研究版),2008(1):26-30.
③ 鲍振兴.高校心理健康教育队伍建设存在的问题及对策[J].吉林省教育学院学报,2011(10):33-34.

或校内培训,其中53.1%的被调查高校中50%以上心理健康教育和咨询工作人员参加过专业培训,但是只有9.6%的被调查高校工作人员参加过5项以上的培训。[1]

美国著名的教育心理学家吉诺特博士(Dr. Ginott)关于教师的作用和力量有这样一段精辟的论述。他说:"在经历了若干年的教师工作之后,我得到了一个令人惶恐的结论,教学的成功与失败,'我'是决定的因素。我个人采用的方法和每天的情绪,是造成学习气氛和情境的主因。身为老师,我具有极大的力量,能够让孩子们活得愉快或悲惨,我可以是制造痛苦的工具,也可能是启发灵感的媒介。我能让人丢脸,也能叫人开心,能伤人,也可以救人。无论在任何情况下,一场危机之恶化或解除,儿童之是否受到感化,全部决定在我。"[2]可见,教师的素质对教育成败的影响有多大!

当前我国大学生心理教育队伍的素质良莠不齐,年轻的专职教师多是科班出身(资深专职教师也有很多实践经验),这得益于国家政策的推动和高等教育的科学发展,而作为大队人马的兼职教师的业务素质亟待提升。他们的心理教育职业能力是目前我国大学生心理教育发展中的"短板"。

## 二、建设专业化大学生心理教育队伍

大学生心理教育是一项专业性要求很高的工作,从事大学生心理教育的工作人员必须经过系统的专业培训,拥有一定的专业资质和技能才能胜任。然而当前我国大学生心理教育专业化建设方面主要表现为专业水平低、专业化进程不理想,在我国高等教育体系中的专业地位还未确立。但是,现阶段我国高校心理教育队伍专业化建设的现状与以往相比,已有很大的改善。

大学生心理教育工作队伍的专业化建设对大学生心理教育工作的意义在于:

(1)能够提升大学生心理教育的工作水平,为大学生提供优质的心理教育。

---

① 邱再洁,桑志芹,费俊峰.江苏高校大学生心理健康教育和咨询工作基本情况研究[J].扬州大学学报(高教研究版),2008(1):26-30.

② 桑志芹.高校全员性心理健康教育的思考[J].高校辅导员,2011(6):10-16.

(2) 能够提高大学生接受心理帮助的可信任度,增强大学生心理教育的工作魅力。

(3) 能够稳定队伍和促进大学生心理教育工作的可持续性发展。

大学生心理教育队伍的专业化建设从内容上可分:结构化建设、职业化建设和学术化建设。从一般意义上来说,这三者的关系是依次而进(初级阶段、中级阶段和高级阶段),前者是后者的基础或先行工作,而学术化建设能够促进结构化建设和职业化建设,是前两者发展的高级阶段或持续、晋升之阶。从心理教育的可持续发展角度来说,在大学生心理教育的队伍建设中,推进准入制、持证上岗是大学生心理教育可持续发展的外在机制;开展理论培训、操作技能训练和心理咨询督导,以提高工作队伍的整体素质,是大学生心理教育可持续发展的内在机制。

### (一) 大学生心理教育队伍人员的资质筛选

借用西方医学之父希波克拉底的一句话来说:了解一个人得了什么病并不重要,了解得病的是个什么样的人更重要。可见在心理教育队伍的专业化建设工作中,培训一个合格的心理咨询教师不如挑选一个适宜的人从事大学生心理教育工作更重要。

一般来讲,大学生心理教育队伍人员的资质筛选主要有两个方面:一是适宜的人格特征(人格特质),二是适宜的学术专业背景。

苏联教育家乌申斯基曾说:"教师的人格对于年轻的心灵来说,是任何东西都不能代替的有益于发展的阳光,教育者的人格是教育事业中的一切。"

澳大利亚心理咨询专家卡瓦纳(Cavanagh)认为,有效的咨询服务者更依赖的是其人格特征,而不是知识和技巧。[1]

美国心理学家科米尔(Cormier)提出,一个优秀的心理服务者应具备智力、精力、适应力、支持与鼓励、友善和自我意识六项品质。[2]

美国"国家咨询者资格认定委员会"(NBCC)确定心理服务者应该了解和掌握的八个主要的知识领域是人类成长与发展、社会与文化基础、如何建立助

---

[1] 杨莲珍.加强军队心理服务的队伍建设[J].军队政工理论研究,2004(1):80-81.
[2] 杨莲珍.加强军队心理服务的队伍建设[J].军队政工理论研究,2004(1):80-81.

人的关系、小组活动、生活状态和职业发展、鉴定、研究与评价、职业适应。[①]

罗杰斯(C. R. Rogers)认为,心理咨询者应具有无条件尊重、言行一致、真诚、通情等品质。卡可夫(R. R. Carkhuff)认为,应具有通情、热情和关心、坦率、积极关注、善于理解、善于沟通和目的性七种品质。劳伦斯(M. B. Lawrence)也提出了七种品质:利他主义、道德感、责任感、对自我和价值观的认识、对文化经验的认识、分析自己情感的能力、作为榜样和影响者的能力等。[②]

国外有学者把助人者划分为专业助人(professional helping)和半专业助人(paraprofessional helping/nonprofessional helping/lay helpers/paraeducators)。布雷恩·D·巴特尔斯(Brian D. Bartels)和约翰·D·泰勒(John D. Tyler)在对美国35个州进行的一项"半专业人员问卷"中,对"半专业心理健康工作者最重要的选择标准"进行排序,排在前五的品质依次是:(1)人际特征(18.7%)。包括温暖与敏感性、倾听与交际的能力、同理心、开放性、潜在的人际成长。(2)个人特征(18.0%)。包括成熟、有责任心、弹性的好的判断力、具有挫折承受力。(3)教育—理解力(13.7%)。包括学习的能力、特殊教育的需求、学习的意愿、治疗的知识。(4)对人文服务的兴趣(13.3%)。(5)与目标群体工作的知识和能力(11.3%)。包括沟通的能力、沟通的知识、社区的知识。[③] 这五项品质包含了对心理教育从业人员人格特征和学术能力的要求。

冯铁蕾指出,高校心理教育教师应具备的素质包括:坚实的理论功底,合理的知识结构,深厚的文化底蕴,与时俱进的学习品质,良好的教学、研究能力,娴熟的助人技巧等专业技能、知识素养;热爱心理健康教育事业,甘于奉献,尊重来访学生的人格和意愿,维护他们的权利等的职业素养;自信、达观、敏感、合作的人格特质;亲切、真诚、宽容、善良的个性品质。[④] 这一系列的素质包括了心理教育从业人员的人格特征、思想品质和学术能力。

---

① 杨莲珍. 加强军队心理服务的队伍建设[J]. 军队政工理论研究,2004(1):80-81.
② 陈家麟. 学校心理健康教育:原理、操作与实务[M]. 北京:教育科学出版社,2010:295.
③ BARTELS B D, TYLER J D. Para professionals in the community mental hearth center[J]. Professional Psychology,1975,6(4):442-452.
④ 冯铁蕾. 高校心理健康教育师资队伍现状及政策建议[J]. 湖北大学学报(哲学社会科学版),2008(6):125-129.

由上述可见心理教育从业人员的人格特征(人格特质)的重要性。经济合作和发展组织的专家柯林·博尔曾提出未来社会的合格人才应持有"三本护照"的主张。这"三本护照"分别是：学术护照；职业护照；事业心和开拓精神(包括思维、规划、合作、交流、组织、解决问题、跟踪和评估的能力)护照。受此启发，我们认为大学生心理教育队伍的从业人员也应有"三本护照"：第一本是"人格护照"，第二本是"职业护照"，第三本是"学术护照"。

大学生心理教育队伍是一支助人自助的队伍，成为"有效的助人者"是学校心理教师专业化发展的必然追求。[①] 从理论上说，只有同时拥有这"三本护照"的心理教育从业人员才能成为一名有效的助人者。对于我国当代大学生心理教育而言，在"人格护照"方面，上述国内外专家、学者对从业人员人格特质的描述都具有很好的借鉴价值，可以参考。鉴于我国大学生心理教育的多学科属性，对"学术护照"的要求可以兼容并蓄：心理学、教育学、医学、哲学、社会学、思想政治教育学等专业都可纳入。对"学术护照"的要求，可以参照现在我国高校的基本师资要求。这只是大学生心理教育队伍人员的基本资质要求，但由于目前我国大学生心理教育队伍人员的复杂性，也可以把它作为队伍建设的初步目标。本书认为，对于大学生心理教育队伍的专业化建设应紧紧围绕这"三本护照"进行，首先挑选具有健全人格、适合专业和特定心理品质的人。其次就是集中对这"三本护照"所对应的素质和能力进行继续教育：心理教育队伍人员的自我成长、学术培养和职业培训。

正如美国心理学家卡可夫所说："咨询是生命的流露。"你是谁就能遇见谁，只有让自己成为最好的自己，才能给予教育对象或来访者最好的帮助。因而对大学生心理教育队伍的专业化建设而言，"三本护照"的获得及其可持续发展性，对每一位队员来说都是伴随其职业生涯终生的。

## (二)大学生心理教育队伍的结构化建设

### 1.建设一支多学科专业人员融合的心理教育队伍

我国大学生心理教育工作始于实践的需要，历经40多年的发展日益规范化和专业化。但从实践的角度来说，"心理教育绝非一元现象"，所以心理教育

---

[①] 崔景贵.助人自助：学校心理教师专业化的理念与策略[J].思想理论教育,2007(24):4-8.

不仅是心理学的教育,心理教育领域除接纳心理学学科的专业人员外,还要敞开怀抱接纳其他学科领域,如教育学、哲学、医学等的专业人员。在这支队伍里,心理学专业出身的人员是专职人员的角色,承担带领这支队伍的责任。

2. 建设一支集专、兼、聘为一体的心理教育队伍

鉴于各种原因,我国大学生心理教育队伍专职人员严重短缺,兼职人员和外聘人员成为补充这支队伍力量的不二之选。兼职人员是学校自身的人力资源,可以自愿原则和学校统一考核等方式参与这支队伍,而外聘人员由本校已退休的老教师和外校的心理教育教师以及社会上有心理教育资质的人员组成,对于这部分人员要审慎选聘。此外,专职教师应逐渐成为这支队伍的主要力量。

3. 建设一支生理互补、心理相容的心理教育队伍

生理互补指的是大学生心理教育队伍人员的性别、年龄方面的差异互补性,比如男女教师的比例不要过于失衡,年龄方面要有梯度层次性等;心理相容是指大学生心理教育队伍人员的人格特质可以相似或互补,但要彼此心理相容,这样更有利于工作的开展。大学生正处于人生的黄金时期,大学类似一个小型的社会。大学生的心理需要可能涉及方方面面。作为面向大学生开展心理教育的这支队伍,如果足够多元和多样,可能对大学生的帮助会更大。比如,有的大学生想要和妈妈一样的心理咨询老师谈谈,可如果该老师是很年轻的女老师或男老师的话,就会非常影响他(她)的心理需要。现在在大学生心理教育领域,有一个比较普遍的现象:女教师比男教师要多。当然,这也许只是笔者的一家之见。但从理论上说,生理互补、心理相容的心理教育队伍会更有工作成效,对于大学生而言,应该也会更加有益。

### (三)大学生心理教育队伍的职业化建设

1. 国内外心理教育队伍职业化现状

在西方发达国家,学校心理教育已经被认定为一项非常专业化的工作,成为一名合格的学校心理教师要经过严格的专业训练和法律规定的资格认证,被官方证明有能力胜任这项工作并领取执照的,才有资格从事此项工作。

早在 1956 年,联合国教科文组织就提出从事心理教育的教师必须具有教学资格或作为教师的其他职业资格,并至少有 5 年教学经历,且具有大学水平

的心理学专业资格。

姚本先和刘世清在《欧美学校心理健康教育的现状、趋势及启示》一文中指出,英国心理学会规定学校心理健康教育工作者的最低资格条件是研究生以上学历,拥有教师资格证书,有2年以上的儿童青少年教学经验,至少有2年研究生学位后的教育心理学训练(目前一般是1年全日制硕士课程和1年指导下的实践等)。法国对学校心理健康教育工作者的资格要求是,要进入大学心理学专业学习2年,并有至少3年教师训练和5年小学或学前工作经历等。[①]

德国联邦法律规定,要获得执业资格必须是心理学或医学专业大学毕业,然后还要有3~5年的临床工作经验。

美国心理学会坚持学校心理健康教育工作者应获得博士学位,并要通过资格认证考试,才能获得资格证书。而美国学校心理学家协会的资格认定相对宽一些,除博士外,非博士的人员也可以成为学校心理健康教育工作者。非博士学位包括硕士与专业工作者两类。专业工作者通常是指在完成大学本科教育后再接受5~6年的教育训练。[②] 美国学校心理学家的培养目标有三个等级:硕士、专家、博士。学习年限分别为1~1.5年、2~3年、4~5年。据统计,20世纪80年代中期,在美国学校心理学工作者中,博士占35%,硕士和专家占65%,他们同时拥有教师资格证书。专业学习的课程包括心理学科、教育学科等基础理论课程和心理咨询、应用心理等实践课程,内容极为广泛。在实习期间,至少有一半时间必须在中小学,其余时间可在医院或诊所中。[③]

我国香港地区高校对从事心理辅导的辅导员要求也很严格:"心理辅导员必须经过专业培训,并获得以下专业中的一种硕士以上的学位:辅导学、辅导心理学、教育心理学、社会工作学、临床心理学等。"[④]我国台湾地区从2001年颁

---

[①] 姚本先,刘世清.欧美学校心理健康教育的现状、趋势及启示[J].课程·教材·教法,2004(12):86-90.

[②] 姚本先,刘世清.欧美学校心理健康教育的现状、趋势及启示[J].课程·教材·教法,2004(12):86-90.

[③] 乔佳.美国学校心理学的发展对我国心理教育工作的启示[J].吉林省教育学院学报,2010,26(5):36-38.

[④] 樊富珉.香港高校心理辅导及其对内地高校心理健康教育的启示[J].思想理论教育导刊,2005(7):65-69.

布实施《心理师法》之后,获取临床心理师、谘商心理师资格——更加严格。比如,必须是硕士学位及以上且至少有一年成绩为合格的实习;学科要求:心理评量、测验与衡鉴领域相关课程至少一学科(3学分),谘商与心理治疗领域相关课程至少四学科(12学分),心理卫生与变态心理学领域至少一学科(3学分)及人格与社会发展心理学领域相关课程至少一学科(3学分)等,合计七学科,21学分以上,每学科至多采计3学分,成绩合格,由所毕业大学院校出具证明文件。

由上述可见,学术化、职业化的要求是国内外高校心理教育队伍专业化建设的共识。基于我国大学生心理教育队伍人员的复杂性,对大学生心理教育队伍开展专业化的资格培训刻不容缓,这是决定我国大学生心理教育职业化、专业化的关键所在。

2. 我国高校辅导员的心理教育职能

我国高校辅导员制度从设立到现在已历经70多年,随着时代的变迁和高校学生工作内容的变化,辅导员的职业角色不断演进,角色定位也从创设之初的"政治领路人"发展为"大学生健康成长的指导者和引路人"。2002年,教育部《普通高等学校大学生心理健康教育工作实施纲要(试行)》(教社政厅〔2002〕3号)中明确指出:"高等学校的教职员工,特别是教师要树立心理健康教育意识,科学实施教育教学工作。班主任、政治辅导员不仅要在日常思想政治教育中发挥作用,也要在增进大学生心理健康、提高大学生心理素质中发挥积极作用。"关于辅导员与心理教育的关系,教育部明文规定:"辅导员是开展大学生思想政治教育的骨干力量,是高等学校学生日常思想政治教育和管理工作的组织者、实施者、指导者。""要重视大学生思想政治教育工作人员,特别是辅导员和班主任在大学生心理健康教育中的重要作用,加强培训,使他们了解和掌握心理健康教育的基本知识和方法……提高思想政治教育的针对性和实效性。"

2005年,教育部《关于加强高等学校辅导员、班主任队伍建设的意见》中明确指出:鼓励和支持辅导员向职业化、专家化方向发展。所谓专业化,是指由经过专业培训后具备完成工作职责所必备的知识、能力和经验的专业人员,专门从事某项工作并不断提高的过程。辅导员队伍专业化,即要求辅导员成为以学生思想政治教育工作为职业的专业型人才,成为思想政治教育、心理健康教育、职业生涯规划、学生事务管理等方面的专业人才,并向专家学者型方向发展。

辅导员要走专业化、职业化道路,就必须掌握思想政治教育专业知识及其他相关专业知识,争取获得相关专业资格,其中心理教育能力是必备的专业素养之一。

卡拉法特(Kalafat)和博罗托(Boroto)对半专业助人者的定义:未在基于教育研究的传统大学或学院接受任何正规的训练,也没有在其工作领域获得相应学位或专业证书的个体。[①] 可见,在我国大学生心理教育队伍中的辅导员绝大部分都是半专业助人者。对于他们的专业化培训是大学生心理教育队伍专业化建设中的重中之重。这不仅是因为他们的"职业护照"起点较低,还因为他们的人数较多,从事的工作也较专职心理教育教师复杂。因此,在职业化建设的过程中要因"人"制宜,采取小步子前行的方法逐渐提高他们的专业化程度,如可以先从自己学校心理教育中心的培训起步,然后到省市级别的专业化培训(取得省市心理学会颁发的资格证书),再向国家级别的专业化培训(获得国家二、三级心理咨询师资格或中国心理学会注册心理师资格等)过渡。此外,在他们的心理教育工作中还要加强督导。

## 三、我国大学生心理教育队伍的职业化之路

### (一) 心理咨询师培训

我国心理咨询行业的职业资格认证制度始起于2001年8月,原国家劳动和社会保障部颁布了《心理咨询师国家职业标准(试行)》,在职业等级、职业能力、职业道德、基础知识、申报条件、培训要求、鉴定方式等方面作了严格而细致的要求,规定只有获得中华人民共和国职业资格证书的心理咨询师方可从事相关心理咨询活动,未经培训不准上岗。这标志着我国心理教育事业开始走向科学规范的专业化道路。然而,心理咨询师培训还存在以下弊端:

(1) 学费高昂,培训垄断;

(2) 课时注水,培训偷工减料;

---

[①] KALAFAT J, BOROTO D R. The paraprofessional movement as a paradigm community psychology endeavor[J]. Journal of Contemporary Psychology, 1977, 5(1):3-12.

(3)实践技能训练太弱,应试目的性强。(2017年9月,人力资源和社会保障部正式取消心理咨询师职业资格考试)

目前,在大学生心理教育专、兼职队伍的建设过程中,尚没有统一的职业准入标准。除了参照人力资源和社会保障部的资格标准外,各省市地方的心理学会也在当地心理教育队伍的专业化发展方面献计献策,譬如上海、南京高校的专、兼职教师(主要是兼职教师)就持有上海市教育局、江苏省心理学会颁发的资格培训证书。

### (二)注册心理师申请

中国心理学会临床与咨询专业机构与专业人员注册系统是北京大学钱铭怡教授团队的科研成果,2006年正式开始运作。在这个系统中关于心理师注册主要有以下内容:

(1)注册内容

中国心理学会临床与咨询心理学专业机构和专业人员注册系统分为个人和机构两个部分。

(2)心理师的注册标准

心理师若要得到本标准注册,须符合下列5.01~5.05的标准:

5.01 专业伦理:遵守中国心理学会临床与咨询心理学专业机构和专业人员注册标准制定工作组颁布的《中国心理学会临床与咨询心理学工作伦理守则》,且无违法记录。

5.02 具有临床或咨询心理学专业博士学位者,其获得学位所在的临床或咨询心理学专业博士培养方案符合3.01~3.09所规定的标准并有效注册,经过2名有效注册的心理师推荐,具备申请心理师注册资格。

5.03 具有临床或咨询心理学专业硕士学位者,其获得学位所在的临床或咨询心理学专业硕士培养方案符合2.01~2.09所规定的标准并有效注册,经过2名有效注册的心理师推荐,并在满足5.03.01和5.03.02条款后,具备申请心理师注册资格;5.03.01在获得其硕士学位后2年内,在有效注册的督导师督导下与寻求专业帮助者直接接触的实践小时不少于150小时,并提供有关证明;5.03.02接受有效注册的督导师的规律的、正式的、面对面的案例督导时间不少于50小时、集体案例督导小时数不少于50小时,或二者累计不少于

100小时,并提供有关证明。

5.04 在中国境内接受非本标准认可的心理学、医学、教育学等专业学位者,若要向注册工作组申请心理师注册资格,须提供必要文件(包括2名有效注册的心理师推荐信、学位证书复印件、实习督导证明),同时须满足5.04.01~5.04.03的要求:5.04.01 其所受培养的专业硕士培养课程达到2.06和2.07条款规定的标准,或硕士毕业后接受了相当于2.06和2.07条款规定标准的全部课程的培训;5.04.02 在有效注册的临床心理督导师督导下与寻求专业帮助者直接接触的临床实践小时不少于250小时(包括研究生期间的相关小时数),并提供有关证明;5.04.03 接受有效注册的临床心理督导师(个体和集体)的案例督导累计不少于200小时(包括研究生期间的相关小时数),并提供有关证明。

5.05 在中国大陆以外获得临床或咨询心理学专业博士或硕士学位者,须提供有关其受训的专业培养方案(包括课程设置、实习流程等)和接受该培养方案培训的证明文件(学位证书复印件、实习督导证明、督导推荐信、2名有效注册的心理师推荐信等),可向注册工作组提交注册申请,其申请由注册工作组参照2.01~3.09和5.04有关条款标准进行审定。

5.06 在1995年以前获得中国教育部认可大学的心理学、医学或教育学等相关学科学士学位者,其连续从事心理咨询或治疗实践工作在10年以上或累计从事个体/集体心理咨询/治疗3 000小时以上,且其资质不完全符合5.02~5.04条款要求的人员,若要申请注册为心理师,须提供必要文件(学位证书复印件、单位的从事心理治疗或心理咨询工作时间的证明、2名有效注册的督导推荐信、一份连续治疗或咨询8次以上的案例报告、专业伦理遵守声明等)后向注册工作组提交注册申请,其申请由注册工作组进行个别评估,但申请者须得到注册工作组2/3以上成员投票通过并经过伦理工作组审核后,方可注册为心理师。

5.07 继续教育:已获得注册的心理师在注册期满后重新申请注册时,须提供每年不少于20学时的继续教育或培训的合格证明,且这些继续教育或培训项目均达到本标准7.01~7.04条款的要求并有效注册。[①]

---

① http://www.chinacpb.org/_d271571944.htm. 2013-11-3.

该注册标准涵盖了专业伦理标准、学位标准、实习和督导时数标准及职业能力标准(申报一份至少咨询8次的心理案例报告,并由2位已有效注册的心理师作为推荐人,成功通过该系统的2位督导师的案例审核,均评为85分以上,方可成功注册)和继续教育标准。从专业的角度来看,笔者认为,中国心理学会临床与咨询心理学专业机构和专业人员注册系统对这支队伍的专业化发展更为科学、专业,并且与国际接轨。与人力资源和社会保障部的心理咨询师资格认证相比,我们认为这个系统的职业化水平更高一等,但职业资格的社会认可度略低。

鉴于我国目前尚未具备国外高校心理教育严格要求的条件,从加强和提高高校德育工作、心理教育工作实效的角度考虑,笔者认为,虽然近几年由于学历教育的发展,高校逐步充实了应用心理学的硕士或博士,同时因为人力资源和社会保障部系统的心理咨询师职业资格考试在高校被部分认可,高校心理咨询师队伍的专业化程度有所改善,但是针对教育系统的资格论证还亟待解决,对现有从业人员进行有针对性的、系统的培训,根据优势互补原则进行队伍整体优化组合,逐步过渡到建立和完善从业教师资格准入制度,还要有一个过程。

总之,我国大学生心理教育队伍人员的复合性决定了对这支队伍的建设要分层次(专职—兼职—聘任)、分阶段(结构化建设—职业化建设—学术化建设)、分目标(人格护照—职业护照—学术护照)持续性推进。陈敏燕等人研究发现,我国大学生心理教育人员对继续教育培训的需求可概括为督导评估、相关知识和实践技能三类,大家对实践技能培训的需求最高,这种需求情况与性别、年龄、受教育程度、从业取向、从业长短、已参加培训次数及内容等因素有关,表现出层次性和偏好特点。[①] 因此,在进行大学生心理教育队伍专业化建设时,对于半专业助人者要着重关注职业化建设和继续教育对其职业护照和人格护照的"养护教育"作用,积极采取各种途径和方式促进他们的职业能力提升和自我成长,并加强对其心理教育工作的督导,在理论培训、操作技能方面提供学习机会和帮助。而对于专职教师则在学术护照、职业护照和人格护照方面要严格把关,全面建设。在专业化建设过程中,宏观层面上教育行政部门提供良

---

① 陈敏燕,陈红,钱铭怡.国内心理健康服务从业者继续教育培训的需求现状及相关因素[J].中国心理卫生杂志,2009,23(11):763-766.

好的政策导向,中观层面上学校健全合理的继续教育培训管理制度,微观层面上教师积极促进自我成长,是专业化建设取得成效的有力保障。总之,我国大学生心理教育队伍建设要力求兼职教师职业化、专职教师专家化,所有人员都能够专业化地发展。多元化促进和层次性推进是这支队伍专业化建设的有效途径。

## 四、当代大学生心理教育队伍建设困境

### (一)三级网络的建设仍需加强

本节对大学心理教育的队伍建设只着眼于教师队伍,没有涉及处于三级网络的大学生心理健康协会和班级心理委员队伍的建设。但是对这一分支队伍的建设在理论上也应纳入大学生心理教育的队伍建设之中。但从目前全国范围的高校大学生心理教育来看,对它们的建设基本是以校本培训和参与式培训模式进行,当然,它们也同样存在筛选适宜资质的大学生加入的问题。与教师分支队伍相比,它们的专业化水平更低,如果就"三本护照"而言,对他们的专业培训更要多费时力。当然作为学生,他们的心理教育职能与教师相比会有所弱化和不同,但从大学生心理教育的全局来看,对这支分队的建设仍需要采取各种方式去加强。

### (二)职业认证和督导亟待统一

目前,我国人力资源和社会保障部有"心理咨询师"认证(2017年9月已停止),国家卫健委有"心理治疗师"认证,共青团中央有"心理健康辅导员"认证,中国心理学会临床心理学分会有"注册心理师"认证,但它们分别有独立的专业认证培训和考试,而且互不认可对方的证书。这对我国心理教育工作的进一步发展极为不利,因而"建立统一的专业资质认证和督导机构势在必行"[1]。只有统一行政管理,专业人士的对话才能畅通无阻,并形成合力,这对于我国大学生心理教育事业的发展必定大有助益。

---

[1] 徐大真,徐光兴.我国心理健康服务体系模式建构[J].中国教育学刊,2007(4):5-9.

## （三）继续教育经费普遍性欠缺

大学生心理教育专、兼职教师的"学术护照"和"职业护照"的获得并不是这支队伍专业化建设的终点，专业督导和学术交流、研讨、培训是这支队伍持续保持先进性和可持续发展的必要手段。陈敏燕等人发现"心理健康从业人员最需要实践和技能培训。……对实践培训的高需求可能反映从业者的压力情况。从业者对自己的专业技能感到怀疑是主要的职业压力来源。接受较多专业知识和实践技能的从业者，更需要实践技能培训，可能是因为该类从业者专业功底越扎实，越能看到自己的不足。这提示，心理健康服务人员不仅应该在上岗前接受大量高质量的实践和技能培训，在继续教育的培训工作中也需重点加强这方面的内容"[①]。因此，专、兼职教师对继续教育的需要是普遍存在的。继续教育是持续提高从业人员"三本护照""含金量"的过程，是实现这支队伍专业化、可持续发展的必由之路。从全国范围来看，继续教育经费的严重不足是制约大学生心理教育队伍专业化的普遍性因素。

## （四）心理教育法规化急需建设

2013年5月1日，《中华人民共和国精神卫生法》正式实施。这是我国大陆第一部涉及"心理健康"的法律。但是我国心理教育法规化仍急需建设，政策性的支持和规范一直都有，而法律、法规性的支持和规范却几近于无。心理教育的法规化建设不但可以规范心理教育工作，而且可以规范和保护相关人员及其行为。心理教育的实践呼唤着心理教育的法规化建设，例如心理咨询特别强调要为当事人保密，但如果泄密了又如何呢？而目前我国几乎仅凭职业伦理的约束力来规范相关行为。近年来，某些高校发生的"心理诉讼"也的确让许多业内人士心头一惊。欧美许多高校的心理教育都有法可依，如"美国采取了一系列严格措施保证其质量，最突出的特点就是制定和颁布规范心理服务的法律、法规。一个合格的美国学校心理学家，从职业素质、学业要求、实习时限到服务设施及服务效果，所要遵守的职业法规多达上千项，若滥用'心理学家'称号还

---

① 陈敏燕,陈红,钱铭怡.国内心理健康服务从业者继续教育培训的需求现状及相关因素[J].中国心理卫生杂志,2009,23(11):763-766.

会受到法律的制裁"[①]。德国汉堡的大学法第51条要求每个大学必须有心理咨询机构,必须有经费,同时在如何做方面也有具体详细规定,而且还有《精神病法》来保障心理教育工作的开展。在美国和德国,主要采用州立法的形式来支持、规范学校心理教育。可见,政府的立法行为对学校心理教育的专业化、规范化发展有着非常重要的意义。而我国心理教育的法规化建设可谓是空白,急需着手建设。

---

[①] 苗素莲.国外学校心理学的发展及其启示[J].心理学探新,1999(4):36—41.

# 第四章

## 当代大学生心理教育的内容、方法与途径

全美教育协会早在1977年就提出,学校不限于培养学生"成为生存于社会中的人,它要培养出全面发展的、获得了自我实现的、具备着能够缔造美好社会的能动作用的人——一个真正的、具有自我革新精神的、自律的人"。为了实现建成"信息化国际化社会"的目标,日本政府也提出"要为21世纪造就更富有创造性、更富有个性、更具有竞争力和广阔国际视野的日本国民"。日本第三次教育改革的宗旨这样表述:"人格的完善是教育的最终目标。为了实现这一目标,施行德、智、体相互协调的教育是极为重要的。"韩国政府则确定了"全人教育"的目标,以培养未来社会需要的健康的人、爱美的人、有能力的人、有道德的人、自主的人。[1] 1996年,联合国教科文组织把教育发展人的现代素质归为四项内容:"学会认知,即获取理解的手段;学会做事,以便能够对自己所处的环境产生影响;学会共同生活,以便与他人一道参加人的所有活动并在这些活动中进行合作;最后是学会生存。"[2]为了应对现代化的挑战、世界和平发展的趋势、高等教育的"全人发展"理念,当代大学生心理教育在培育德、智、体、美、劳等方面全面发展并具备健全的人格和良好的社会适应能力的人才中,具有举足轻重的作用。

# 第一节 当代大学生心理教育的主要内容

心理教育,是有目的地培养受教育者良好的心理素质,提高其心理机能,充分发挥其心理潜能,进而促进整体素质提高和个性发展的教育。[3] 通过实施心理教育能够发现人的存在价值,发掘人的心理潜能,发挥人的心理力量,发展人的个性人格。因此,学校心理教育内容不应是心理学的学科体系,而应针对学生心理发展的基本特征与实际需要来选定。心理教育不能等同于心理学教育。大学生心理教育的主要内容要从学生、社会和学科三方面综合考量。

---

[1] 崔景贵.人格现代化与学校心理教育理念[J].现代教育科学,2002(12):17-20.
[2] 联合国教科文组织.教育:财富蕴藏其中[M].北京:教育科学出版社,1996:75.
[3] 班华.心育论[M].合肥:安徽教育出版社,1994:9.

# 一、当代大学生心理素质状况

从20世纪90年代中期开始,为了更有针对性地开展心理教育,我国高校就陆续开展了新生的心理普查和心理档案建档工作。

## (一)本科生的心理素质状况

世界银行1995年统计数据表明,在20世纪90年代,心理疾病是全世界范围内剥夺人类工作能力的"头号杀手"。据世界卫生组织统计,在年满20岁的成人中,抑郁症患者每年以11.3%的速度增加,目前世界上有2亿~2.5亿名抑郁症患者。《疾病的全球负担》一书中指出:"抑郁症是造成全球残疾类疾病的主要原因。"[1]可见,一旦基本生存需要得到保证后,心理卫生将对人们的生活质量起到更加重要的作用。为了更有效地对大学生开展心理教育,首先要了解大学生的心理素质状况。

1. 使用UPI量表对大学生心理素质进行筛查

桑志芹在《高校全员性心理健康教育的思考》一文中指出,南京大学从1996年开始为新生建立心理健康档案,并以UPI(大学生人格问卷)量表为例,发现大学新生的心理问题呈现上升趋势,到2005年以后,存在心理问题的大学新生比例基本在18%左右(见表4-1)。[2]

表4-1 历年新生普查结果

| 年级 | 人数 | 使用量表 | 有心理问题占比 |
| --- | --- | --- | --- |
| 1996级 | 2 132人 | UPI | 11% |
| 1997级 | 2 179人 | UPI | 12% |
| 1998级 | 2 300人 | UPI EPQ | — |
| 1999级 | 2 500人 | UPI EPQ | 15% |
| 2000级 | 2 800人 | UPI SCL-90 | 15% |
| 2001级 | 3 000人 | UPI SCL-90 | 16% |

---

[1] 姜乾金.医学心理学[M].北京:人民卫生出版社,2002:9.
[2] 桑志芹.高校全员性心理健康教育的思考[J].高校辅导员,2011(1):10-16.

续表

| 年级 | 人数 | 使用量表 | 有心理问题占比 |
| --- | --- | --- | --- |
| 2002 级 | 2 600 人 | UPI SCL-90 | 17% |
| 2003 级 | 3 000 人 | UPI SCL-90 | 10% |
| 2005 级 | 3 000 人 | UPI SCL-90 | 19% |
| 2006 级 | 2 899 人 | UPI SCL-90 | 19% |
| 2007 级 | 3 000 人 | UPI SCL-90 | 18% |
| 2008 级 | 3 000 人 | UPI SCL-90 | 17% |
| 2009 级 | 3 000 人 | UPI SCL-90 | 19% |
| 2010 级 | 3 000 人 | UPI SCL-90 | 18% |

2. 使用SCL-90量表对大学生心理素质进行筛查

（1）本科生的心理素质筛查情况

下面诸表是笔者4年（2009—2012年）来用SCL-90量表对某校新生（本科生）所做的心理素质普查情况。（施测时间：每年10月中下旬）

表4-2　研究对象年级与性别构成（人）

| 年级 | 男生 | 女生 | 总体 |
| --- | --- | --- | --- |
| 2009 级 | 2 389 | 1 266 | 3 655 |
| 2010 级 | 2 368 | 1 322 | 3 690 |
| 2011 级 | 2 006 | 1 408 | 3 414 |
| 2012 级 | 2 137 | 1 444 | 3 581 |

表4-3　SCL-90测试结果任一因子分≥2.5分或≥3.0分的筛查率（%）

| 年级 | 任一因子分≥2.5分 | | | 任一因子分≥3.0分 | | |
| --- | --- | --- | --- | --- | --- | --- |
| | 男生 | 女生 | 总体 | 男生 | 女生 | 总体 |
| 2009 级 | 16.2 | 12.7 | 15 | 6.8 | 4.8 | 6.1 |
| 2010 级 | 17.4 | 12.9 | 15.7 | 6.8 | 3.6 | 5.7 |
| 2011 级 | 8.8 | 7.8 | 8.4 | 4.6 | 2.9 | 3.9 |
| 2012 级 | 8 | 8 | 8 | 3.0 | 2.7 | 2.9 |

表 4-4　十项因子中分数≥3.0分以上人数排序（从多到少）

| 十项因子 | 顺序 | | | |
| --- | --- | --- | --- | --- |
| | 2009级 | 2010级 | 2011级 | 2012级 |
| 躯体化症状 | 9 | 10 | 10 | 9 |
| 强迫症状 | 1 | 1 | 1 | 1 |
| 人际关系敏感因子 | 2 | 2 | 2 | 2 |
| 抑郁症状 | 3 | 5 | 3 | 3 |
| 焦虑症状 | 5 | 6 | 7 | 6 |
| 敌对因子 | 4 | 3 | 5 | 3 |
| 恐怖因子 | 7 | 9 | 9 | 8 |
| 偏执症状 | 5 | 4 | 4 | 4 |
| 精神病性因子 | 8 | 7 | 8 | 7 |
| 其他 | 6 | 8 | 6 | 5 |

从上述统计数据来看，本科生的心理异常筛查率任一因子分在2.5分以上的是8%～17.4%，任一因子分在3.0分以上的是2.7%～6.8%；男生的心理异常率高于女生；十项因子排在前两位的分别是强迫症状和人际关系敏感因子。

## （二）研究生的心理素质状况

1. 被试入学情况和 SCL-90 测试结果统计

下面诸表是笔者5年（2008—2012年）来用SCL-90量表对某校研究生新生（硕士）所做的心理素质普查情况。（施测时间：入学报到后1～2周内）

表 4-5　研究对象年级与性别构成（人）

| 年级 | 男生 | 女生 | 总体 |
| --- | --- | --- | --- |
| 2008级 | 1 186 | 847 | 2 033 |
| 2009级 | 1 820 | 1 130 | 2 950 |
| 2010级 | 549 | 409 | 958 |
| 2011级 | 1 552 | 1 069 | 2 621 |
| 2012级 | 1 742 | 1 222 | 2 964 |

表4-6 SCL-90测试结果任一因子分≥2.5分或≥3.0分的筛查率(%)

| 年级 | 任一因子分≥2.5分 ||| 任一因子分≥3.0分 |||
|---|---|---|---|---|---|---|
| | 男生 | 女生 | 总体 | 男生 | 女生 | 总体 |
| 2008级 | 10.5 | 12.5 | 11.3 | 3.5 | 3.3 | 3.4 |
| 2009级 | 6.9 | 4.9 | 6.1 | 1.6 | 1.0 | 1.4 |
| 2010级 | 7.8 | 5.9 | 7.0 | 2.9 | 2.0 | 2.5 |
| 2011级 | 8.4 | 7.6 | 8.1 | 2.4 | 2.0 | 2.3 |
| 2012级 | 7.7 | 7.1 | 7.5 | 2.8 | 1.7 | 2.3 |

表4-7 十项因子分中分数≥3.0分以上人数排序(从多到少)

| 十项因子 | 顺序 |||||
|---|---|---|---|---|---|
| | 2008级 | 2009级 | 2010级 | 2011级 | 2012级 |
| 躯体化症状 | 7 | 7 | 8 | 8 | 7 |
| 强迫症状 | 1 | 1 | 1 | 1 | 1 |
| 人际关系敏感因子 | 2 | 2 | 2 | 2 | 2 |
| 抑郁症状 | 3 | 4 | 4 | 3 | 4 |
| 焦虑症状 | 6 | 7 | 5 | 5 | 4 |
| 敌对因子 | 4 | 3 | 6 | 4 | 3 |
| 恐怖因子 | 8 | 7 | 7 | 7 | 8 |
| 偏执症状 | 5 | 5 | 3 | 6 | 6 |
| 精神病性因子 | 7 | 6 | 7 | 5 | 6 |
| 其他 | 3 | 5 | 5 | 7 | 6 |

从上述统计数据来看,硕士研究生的心理异常筛查率任一因子分在2.5分以上的是4.9%～12.5%,任一因子分在3.0分以上的是1.0%～3.5%;男生的心理异常率几乎都高于女生(只有一项例外);十项因子排在前两位的分别是强迫症状和人际关系敏感因子。

2. 研究生心理教育调查问卷及统计结果

笔者于2012年9月随机抽取该校203名研究生三年级学生进行研究生心理教育问卷调查(被试构成见表4-8)。该问卷从五个维度展开调查:心理健康主观体验、心理压力来源、心理问题应对方式、心理健康求助方式及心理保健知识学习途径。该问卷共设置12道单项选择题，题目内容及研究生选择情况见表4-9。（笔者仅列出了每道题选择人数最多的前3个选项，选项次序依选择人数递减而序号增加，即排为1的选择的人数最多。）

**表4-8 研究对象性别与学科构成**

| 性别 | | 学科 | |
| --- | --- | --- | --- |
| 男 | 女 | 文科 | 工科、理科、医科 |
| 135人 | 68人 | 54人 | 149人 |

**表4-9 12道单项选择题内容及选项排序**

| 题目 | 选项排序 | | |
| --- | --- | --- | --- |
| | 1 | 2 | 3 |
| 1. 您认为现在研究生的心理健康状况如何？ | 较好* | 不清楚 | 很好 |
| 2. 从普遍性上来说，研究生的心理健康水平比本科生差吗？ | 不是* | 不清楚 | 是的 |
| 3. 研究生最大的心理压力来源是： | 前途及就业* | 学业 | 经济 |
| 4. 针对研究生心理健康状况，学校相关部门最应采取的教育方式是： | 渗透性教育* | 讲座式教育 | 普及性教育 |
| 5. 研究生常用的心理自我保健手段是： | 与家人、友人、导师或其他人经常沟通交流* | 持有积极、乐观的生活态度，培养生活兴趣、爱好 | 自学相关心理健康知识 |
| 6. 您更愿意如何寻求心理帮助？ | 与导师、同门、舍友谈心* | 与父母等亲人交流 | 自我宣泄（听音乐、做运动等） |
| 7. 您觉得下列人员谁对研究生的心理健康发展影响作用最大？ | 父母等亲人▲ | 专业导师★ | 恋人 |
| 8. 您认为研究生更乐意接受哪种形式的心理健康教育？ | 参与丰富多彩的校园文化生活* | 向家长、师长、学长请教 | 听讲座 |
| 9. 您认为研究生在哪些方面更需要心理帮助？ | 职业规划* | 自我认识 | 社会适应 |
| 10. 在什么时间段开展心理健康教育对研究生帮助最大？ | 研究生刚入学时* | 研究生二年级 | 毕业前夕 |
| 11. 研究生的心理健康教育与本科生的心理健康教育的不同之处是： | 前者教育途径更多元，内容更深入* | 大同小异 | 后者教育途径更多元，内容更深入 |

续表

| 题目 | 选项排序 | | |
|---|---|---|---|
| | 1 | 2 | 3 |
| 12. 您认为对研究生开展心理健康教育有必要吗？ | 很有必要* | 一般 | 不清楚 |

注：*代表男女研究生选此项的人数均最多；▲代表男研究生选此项的人数最多；★代表女研究生选此项的人数最多。

3. 研究生心理素质分析

表4-9中的题目包含着自评和"评他"向度的内容，在一定程度上体现了主观和客观的结合（当然都是研究生自己的主客观之见）。从表4-9中可以看出研究生对自身的心理教育需要主要表现在：渴盼心理教育，虽然大部分研究生心理素质都较好；希望一入学，校方就开展渗透性教育，内容上要更深入、途径更多元；对缓解前途和就业心理压力的心理教育特别需要。笔者对这几点深有体会：现在的研究生，尤其是硕士研究生，大约90%为应届大学本科生，他们在大学里就接受过一些或较多的心理教育，若在读研阶段再接受类似的内容教育，容易让他们不感兴趣，觉得像是在"炒冷饭"。研究生基本都已经是成人，所以渗透性的教育、丰富的校园文化生活"润物细无声"的濡染作用对他们的帮助可能更大；独立、自主是他们生活的主旋律，社会化是他们当下的主要心理课题。SCL-90测试结果亦显示："强迫症状"或许是由对自我完善发展的追求所致，而"人际关系敏感"绝对是他们渴求人际和谐、适应社会的诉求使然。我国著名医学心理学家丁瓒教授曾这样说过："人类的心理适应，最主要的就是对人际关系的适应。所以人类的心理病态，主要是由于人际关系失调而来。"因此充分调动和发挥"重要他人"的积极作用对研究生的顺利成长和成才定有裨益：研究生导师不仅是研究生的业师——知识的传递者，更应是研究生的道德引领者，思想启迪者，心灵世界的开拓者，情感、意志、信念的塑造者。而研究生的父母或家人在婚恋方面对其影响更是不可小觑，美国心理学家约翰认为每个人都有一张"爱情地图"（预先设置在头脑里的一组描述好恶的信息，如声音、气味、身材、肤色等），人们会爱上最符合自己大脑中的"爱情地图"的人，这张地图的主要画师就是父亲和母亲。所以高校心理教育工作者在处理研究生的婚恋心理问题时，要充分考虑和发挥家庭特别是父母的积极影响作用。

此外，研究生的成就动机都很高，他们对自己的美好未来都投注了很多的时间和精力,特别想在"职业生涯发展""前途和就业"等方面得到帮助,这提示学校心理教育工作者要把他们的这些心理需要作为工作的着力点和"工作锚",急人所急,予人所欲,这样定能收到事半功倍的成效。

### (三)大学生心理素质状况分析

从上述本科生和研究生的测试结果统计来看,大学生的心理素质状况具有以下特点:

(1)从性别群体上看,男大学生的心理素质差于女大学生,无论以任一因子分≥2.5分还是以任一因子分≥3.0分作为筛选标准,结果都是相同的。但在中国知网(CNKI)进行文献检索时会发现有关女大学生、女研究生心理健康的研究论文较多,而有关男大学生、男研究生的心理健康的研究论文却很少。这提示大学生心理教育工作者应该对男大学生、男研究生群体投以更多的关心和帮助。

(2)从症状因子的分布上看,"强迫症状"和"人际关系敏感因子"在十项因子中稳居第一和第二的"交椅";而"躯体化症状"却始终在十项因子中居于末位。这提示大学生心理教育工作者未来工作的方向和着力点是帮助大学生改变追求完美的心理倾向:不求十全十美,但求"尽力足美";在人际交往和自我认识方面多开展教育、活动(这方面的教育、活动很适合采取团体辅导的形式)。采取团体辅导形式不仅更能提高心理教育的工作效率,也能较快满足大学生的心理需要,促进他们人际关系的发展和和谐。

(3)从学习阶段分布上看,研究生的心理素质优于本科生的心理素质。而且就笔者十几年的教育实践感受而言,本科生的心理问题更"心理化",相对集中于心理适应、人际沟通、自我认识、亲密关系等方面;研究生的心理问题更"社会化",相对聚焦于现实的问题和由这些问题引出的心理烦恼和困惑,如学业、事业、爱情、经济等。研究生和本科生都对人际关系很敏感,但研究生更具体化:我与导师的关系如何?这个男生或女生喜欢我吗?而本科生更泛化:我是个受欢迎的人吗?我有异性缘吗?等等。二者情况不尽相同。

(4)从总体上看,大学生的心理问题异常率在6.1%~15.7%和1.4%~6.1%,前者是以任一因子分≥2.5分为筛选标准,后者是以任一因子分介于3~5分为筛选标准。就笔者历年门诊约谈的经验而言,任一因子分介于3~

5分之间具有更鲜明的心理健康警示意义。但是,我们一定要看到,无论是本科生还是研究生,绝大部分学生的心理素质都是很好的,心理健康处于良好的状态。

## 二、当代大学生心理教育的主要内容

2001年,我国教育部颁布的《关于加强普通高等学校大学生心理健康教育工作的意见》(教社政[2001]1号)指出,高等学校大学生心理健康教育工作的主要内容是:"宣传普及心理健康知识,使大学生认识自身,了解心理健康对成才的重要意义,树立心理健康意识;介绍增进心理健康的途径,使大学生掌握科学、有效的学习方法,养成良好的学习习惯,自觉地开发智力潜能,培养创新精神和实践能力;传授心理调适的方法,使大学生学会自我心理调适,有效消除心理困惑,自觉培养坚韧不拔的意志品质和艰苦奋斗的精神,提高承受和应对挫折的能力,以及社会生活的适应能力;解析心理异常现象,使大学生了解常见心理问题产生的原因及主要表现,以科学的态度对待各种心理问题。"这个文件指明了大学生心理教育的基本内容,培养"健康的社会人"的心理教育工具性目标呼之欲出。美国心理学家弗洛姆(Erich Fromm)指出:当今是心理学的时代,心理学的新趋势是注重如何帮助健康的人发挥潜能。我国当代大学生心理教育的发展历程也揭示了这种趋势。

### (一)当代大学生心理教育内容的特性

马克思和恩格斯指出:"作为确定的人,现实的人,你就有规定,就有使命,就有任务……这个任务是由于你的需要及其与现存世界的联系而产生的。"[①]大学生心理教育的内容既要服务于大学生的心理需要与发展,又要与社会的需要和发展、高等教育的人才培养目标相统一,因此,大学生心理教育的内容要具有以下三个特性。

1. 大学生心理教育内容要具有系统层次性

大学生心理教育内容的层次性体现在本科生与研究生的心理教育内容的

---

① 马克思恩格斯全集:第3卷[M].北京:人民出版社,1960:328-329.

不同以及本科生和研究生内部不同群体的心理教育内容的差异性。如对于一年级本科而言,自我的认识和适应问题是心理教育的主要内容;而二、三年级本科生对心理的发展性需要会特别迫切,如提高情商和拥有良好的人缘等;三、四年级本科生对生涯规划和亲密关系更为关注。与本科生相比,目前研究生的心理教育在全国范围内还是较为落后的,但研究生对心理教育的需要是客观存在的。目前对研究生开展心理教育主要是通过心理讲座和心理咨询的方式进行,通常的内容是人际关系、恋爱情感和择业就业方面。当然,这样的做法在教育的普遍性和系统性方面肯定打了折扣。如何系统有效地开展研究生的心理教育是我国大学生心理教育今后要着力发展的又一方向(本节主要论述本科生的心理教育内容)。

2. 大学生心理教育内容要具有实践操作性

心理教育的主体性和主体间性以及大学生心理教育的活动育人原理等,决定了大学生心理教育的内容是理论与实践的结合,而且要大大强化实践操作的作用。正如陶行知先生所言:生活即教育,社会即学校。如果个体没有一言一行地去实践,再怎么全方位的心理教育都很难收到很好的实效。从一定意义上讲,心理教育既是心理发展矛盾的"调和者",又是心理发展矛盾的"制造者",个体的心理正是在"心理教育"的扰动下螺旋式发展。不具有实践操作性的心理教育是没有生命的心理教育,更不可能培养出具有积极生命能量的优秀人才。

3. 大学生心理教育内容要具有积极发展性

心理教育要以人为本,以人为本原理是大学生心理教育的基本原理。大学生是"有意识的人""现实的人""有需要的人"。对大学生心理教育内容的准备不仅要备课,更要"备人"。从上文的心理筛查结果中可以看出,针对"心理问题"的心理教育内容应该要居于次要位置,积极性、发展性心理教育的相关内容要占据主要位置。积极发展性的大学生心理教育内容是大学生心理发展的"助力",而消极补救性的大学生心理教育内容是大学生心理发展的"扶力",前者起到锦上添花的效果,后者发挥雪中送炭的功能。两者本应相得益彰,但鉴于大学生群体的需要,后者的相关内容要适当减少,而前者的内容可以相应增加。如果用数字来表示二者比例的话,前者约占80%,后者约为20%。

## (二) 当代大学生心理教育的主要内容

心理教育内容是心理教育目标的具体化,而且在具体化的过程中要把大学生心理教育的特性展现出来。从大学生心理教育的全面性来讲,大学生心理教育的内容就是大学生心理发展和心理需要的方方面面,如知、情、意、行等;或者一般来说是心理健康、自我意识、学习心理、个性心理、人际交往心理、恋爱与性心理、择业心理;后来随着社会的发展,又融入了网络心理、心理咨询与心理治疗等方面的内容。但是从具体的可操作的层面来说,大学生是人,是生活在社会、家庭、学校之中的活生生的人,是有理智、有情感、有追求的人。大学生的心理需要和心理发展紧紧围绕社会、他人和自我三个领域。因此在这个意义上说,大学生心理教育的主要内容有三方面:自我(心理我)领域的自我认知和生活辅导教育;人我(人际我)领域的情绪管理和亲密关系指导教育;物我(社会我)领域的生涯辅导和学习心理指导教育。而贯穿这三个领域的一条基线是心理健康教育,它包括大学生心理健康的标准、心理测试、各种心理问题的应对、心理障碍的识别、心理疾病的防治以及心理危机的预警和干预策略等。

1. 自我认知教育

大学生自我和谐的心理教育集中体现为对大学生自我认知的教育。诚如印度诗人泰戈尔的诗句"你看不见你的真相,你所看见的,只是你的影子"所言,大学生自己对自己的了解就像"雾里看花、水中望月",似乎很了解,似乎又很模糊。

进入大学,在短暂的新鲜感之后,随之而来的就是对自我的重新认识和定位问题。"我是谁?"这个问题困惑着许多大学生,埃里克森((Erik Erikson)用"自我同一性危机"来命名这个时期的年轻人所面临的心理发展问题。有人形象地用鲁迅先生的四部作品名来形容大学生的心理发展四部曲:大一是"彷徨",大二是"呐喊",大三是"朝花夕拾",大四是"伤逝"。还有人说:大学生在大一时不知道自己不知道,大二时知道自己不知道,大三时不知道自己知道,大四时知道自己知道。可见,整个大学时期,大学生心路历程都很艰辛。

大学时期是一个人身心快速成长和发展的时期,一切都在变化之中,"唯有变化是不变的"。在这个时期,大学生的自我意识再次觉醒,犹如"第二次诞生",这一次与青春发育期的自我意识觉醒不同。青春发育期的自我意识觉醒是作为男性、女性而存在或生存的一次觉醒,而这一次则是作为男人、女人而立世或生活的一次觉醒。

从根本上说,对自我的认识这个问题蕴涵着深深的哲学意蕴,因此哲学的观点和方法在这个问题的教育上可以发挥作用。自我是个体的现实存在,而人格是个体与外界相互作用的界面,即人之风格。发展自我与塑造健全人格在现在这样一个彰显个性、充满竞争与挑战的时代显得尤为重要。在大学生自我认知的心理教育过程中,对其健全人格的培养不容忽视。在这些方面有许多理论知识可以纳入大学生心理教育之中。比如弗洛伊德的人格结构观,本我、自我和超我的理论对大学生了解自我的矛盾、冲突以及如何恢复自我平衡方面会有启发。"乔哈里视窗"理论对于大学生认识自己的四个方面即公开的我、盲目的我、秘密的我、未知的我,也会有启迪作用。马斯洛的需要层次理论给大学生指出了自我需要的层级和意义,在一定程度上避免大学生沉沦于物欲等。在健全人格方面,弗洛伊德认为一个能够正视并建设性地满足自己需要的人就是具备健全人格的人,马斯洛认为一个能够自我实现的人就是一个具备健全人格的人,埃里克森认为一个具备自我同一性的人就是一个具备健全人格的人,等等。

根据我国学者(高玉祥、刘华山、李丹等)的意见,结合我们的工作经验,我们认为自我认知教育的内容主要有以下几个方面:(1) 客观认识自我,恰当评价自我;(2) 学会自尊和自信;(3) 学会摆脱自我烦恼;(4) 学会追求自我实现。从一定意义上说,大学生自我认知教育是当代大学生心理教育内容的起点和重点。

2. 生活辅导教育

诚如马斯洛所言,心理教育本质上是一种"人生哲学",它不是"纯描述性的或纯学术性的",它指向人的生活领域和行为领域,"它帮助人形成生活方式,这不仅仅是人自身内在的隐秘的精神生活方式,而且也是他作为社会存在、社会一员的生活方式"①。生活辅导教育是对生活问题的心理教育与辅导的简称,这是大学生心理教育以人为本的集中体现。生活辅导教育直接针对的是大学生的生活自理、时间管理和运用,以及交际、休闲娱乐等方面的能力与方法的培养与辅导,其实质是在生活中涵养大学生的健全人格。大学生的生活辅导教育以养成其健全人格为宗旨。"人格"(personality)一词源于古希腊文 persona,

---

① 马斯洛.存在心理学探索[M].李文湉,译.昆明:云南人民出版社,1987:5-6.

原意为古希腊戏剧中的演员所戴的面具。人物角色不同,演员所戴的面具也不同。心理学中沿用这个词,包含两个意思:一是外在的人格品质,即可以观察的自我;二是内在的人格特征,即面具背后的真实自我。人格是构成一个人的思想、情感及行为的特有的统合模式,这个独特模式包含了一个人区别于他人的稳定而统一的心理品质。

(1)独特性:人格是个体独特的心灵风格。个体与个体之间的人格不同,哪怕是同卵双生子的人格也不相同,而且民族与民族之间的人格也存在差异。

(2)稳定性:"江山易改,禀性难移"这句话说的就是人格的稳定性。但人格的稳定性并不是说它不可变,只是说它相对稳定、不容易改变,改变的时间要长,而且要付出相当大的意志努力,绝不是轻轻松松就能改变的。

(3)统合性:人格是由遗传和环境所决定的个体的实际和潜在的行为模式的总和,人格各成分和谐一致才是健康的人格。

(4)功能性:人格是基本的和稳定的心理结构和过程,它们组织着人的经验、形成人的行为并对环境作出反应。它能够决定一个人的生活方式,甚至命运。

可见,人格的培养是个体心理发展的头等大事,但人格的培养绝不是一蹴而就的,因此养成教育对人格的发展和形成十分重要。对当代大学生而言,生活辅导教育主要包括社交辅导、休闲辅导、日常生活辅导、性问题辅导等。练习人际交往的技能、做沟通达人;有情趣、会休闲、懂生活;生活积极向上、井井有条;和谐的异性关系和健康的性心理、性生理活动等。这些都是大学生生活世界的心灵元素碎片,它们组成了大学生的心理现实世界。如果这些方面出现问题或有不适应的地方,就会对大学生的客观现实世界产生冲击,如情绪焦虑、抑郁或人际关系不良、自身生活一团糟。只有通过生活辅导教育,促进大学生建立科学合理的生活规范,养成良好的生活习惯,建立积极的生活方式,科学地管理时间,开展积极的人际交往活动,进行健康的休闲生活,才能最终培养大学生拥有健全的人格和优良的个性品质。

3. 情绪管理教育

在自我与外界人、事、物的相互作用过程中,必然会产生态度。而情绪、情感就是人们对人、事、物态度的体验。情绪、情感在人们的生活中非常重要,比如:表达内心——信号的作用;促进行为——动机的作用;影响发展——调节的作用。情绪的问题可以说是人类心理的根本问题,因为人类不仅是理性的存在,更是感性的存在、关系的存在,人的本质在其现实性上是一切社会关系的总和。人的感觉、知觉、情绪、情感决定了人是有血有肉的生命有机体。美国心理学家斯坦利·霍尔形容青年期的情绪状态是"疾风怒涛(storm and stress)的时期",是人生航行途中如疾风怒涛般的不平静、动荡不安的时期:情绪不稳、易于激动、烦躁不安,对外界及自身易产生怀疑、不信任等。而大学生恰恰处于这一时期。

情绪问题是人我协调心理教育的主要问题。因此,对大学生情绪管理——培养积极的情感和调控消极的情绪等——的教育就显得极为重要。关于情绪的理论首推"情商理论"。情商又称情绪商数(emotional quotient)或情绪智力,简称情商(EQ),由两位美国心理学家约翰·梅耶和彼得·萨洛维于1990年首先提出,但当时并没有引起全球范围内的关注。直至1995年,时任《纽约时报》的科学记者丹尼尔·戈尔曼出版了《情商:为什么情商比智商更重要》一书,才引起全球性的EQ研究与讨论,因此,丹尼尔·戈尔曼被誉为"情商之父"。但相对于智商(IQ)而言,关于情商的研究很少,尤其是具有可操作性的研究更少,可以说它的理念价值远远大于工具价值。有这样一句话:IQ决定你能不能被录用,EQ决定你能不能被提升,一个人职场成功的80%取决于EQ。因此情绪管理能力的培养对于大学生健康成人、成才来说,是不可或缺的。一般来说,情绪智力体现在下面五个方面:(1)理解自己情绪的能力;(2)调控自己情绪的能力;(3)以自己的情绪激励自己行为的能力;(4)理解他人情绪的能力;(5)有效推动自己的人际关系的能力。

其次还有情绪ABC理论。该理论又称理性情绪疗法或合理情绪疗法(Rational-Emotive Therapy)、ABCDE理论等。这一理论相较于情商理论而言,其操作性大大增强。情绪ABC理论是由美国心理学家阿尔伯特·艾利斯创建的。他认为激发事件A(activating event)只是引发情绪和行为后果C(consequence)的间接原因,而引起C的直接原因则是个体对激发事件A的认知和评价所产生的信念B(belief),即人的负性情绪和行为结果(C)并不是由某一激发事件(A)直接引发的,而是由经受这一事件的个体对它不正确的认知和评价所产生的错误信念(B)直接引起的。人不是被事情本身所困扰,而是被其对事情的看法所困扰。此外,在ABCDE理论中,D代表辩论(disputing),通过D来影响 B，认识偏差纠正了，情绪和行为困扰就会在很大程度上解除或减轻，最后达到效果 E(effects)，负性情绪得到纠正。它有四个咨询阶段。（1）心理诊断（自精神卫生法实施以来，"诊断"一词不应出现在非医务工作者的工作中）阶段：明确来访者的 A、B、C 分别是什么。（2）领悟阶段：促发来访者领悟其心理问题的原因是 B 而不是 A。（3）修通阶段：咨询师运用多种技术，使来访者修正或放弃原有的非理性信念，并代之以合理的信念，从而使情绪症状得以减轻或消除。非理性信念也被称为错误信念，有三个特征：过分概括化的评价、绝对化的要求和糟糕至极的结果。（4）再教育阶段：巩固前几个阶段取得的效果，强化新的理性观念，使来访者在离开咨询室后依然能用学到的思维方式和合理信念等应对生活中遇到的烦恼，更好地适应生活。

针对大学生的情绪管理开展心理教育工作，目的是要让他们成为自己情绪的主人，掌握人生开心的钥匙，用积极的情绪助力自己，感染他人，凝聚人缘，发挥出心理的正能量。情绪问题特别容易泛化，如果处理不好，在个体生活的各个方面都会打上情绪的烙印。因此从这个意义上来说，情绪问题无小事，它是个体的生活晴雨表。

4. 亲密关系指导教育

马克思说，人的本质在其现实性上是一切社会关系的总和。而从费孝通的差序格局理论来说，中国人的亲密关系更是其心灵的归宿和港湾。大学生正处于埃里克森人格发展八阶段理论中的"成人初期"，在这一时期亲密感与孤独感是他们心理发展的内容：如果顺利度过这一时期，就能收获"爱"的积极心理品质，反之就会陷入孤独的痛苦之中。

对当代大学生来说，亲密关系主要表现为亲子关系（大学生与其父母、亲人的关系）、恋爱关系及夫妻关系（主要是研究生）。大学生正处于青年初期或青春期的尾巴上，歌德在《少年维特之烦恼》中说：哪个少女不善怀春？哪个少男不善钟情？当下大学生的恋爱情况比较普遍，但是生理的需要、心理的诉求与现实的接触总会产生这样那样的不和谐音符，如单相思、多角恋、同性恋、失恋等。同时，由于他们自我发展的不确定性等方面，正常异性恋的普遍性与成功率亦大相径庭，真是应了那句话：相爱简单，相处太难。因此，对大学生开展亲密关系指导教育是十分必要的。对于亲子关系的指导教育经常是在大学生与其父母的意见相左时（主要表现在升学、择业和恋爱方面）开展，在这种情况下大学生会求助于心理教育,这时的辅导教育形式通常是以家庭为单位进行家庭辅导。夫妻关系的辅导形式是以夫妻二人为团体进行夫妻治疗或婚姻治疗。关于爱情的理论,埃里希·弗洛姆的《爱的艺术》和罗伯特·斯滕伯格(Robert J. Sternberg)的爱情三元论更具现实指导意义。弗洛姆在《爱的艺术》中指出爱有四要素:知识、关切、尊重和责任。而斯滕伯格在爱情三元论中指出,爱情的三个要素是激情(陶醉感和性兴奋)、亲密感(感到被所爱的人理解和亲近)和承诺(长期的忠诚),三个要素的不同组合,形成不同类型的爱情。从普遍性程度来讲,亲密关系的理论指导可以在教室里公开进行,而恋爱问题咨询、家庭辅导和夫妻治疗等是在咨询室的空间里私密地进行的。

5. 生涯辅导教育

生涯的英文为 career,从词源上看来自罗马文 via carraria 及拉丁文 carrus,二者的含义均指古代的战车。在古希腊,career 这个词蕴涵疯狂竞赛的精神,最早常用作动词,如驾驭赛马,后来又引申为道路,即人生的发展道路。生涯规划——成才与就业——是大学生必须直面的人生课题。其实早在进入大学之前,他们就已经在做这项工作了,只是当时可能不是理性自觉地做这项工作,如报考大学和选择专业。

关于生涯辅导教育的理论有很多,如霍兰德(John Holland)的职业类型论、沙因(Edger H. Schein)的职业锚理论、休珀(Donald E. Super)的生涯彩虹图(life-career rainbow)理论、克朗伯兹(John D. Krumboltz)的社会学习理论、彼得森(Gary Peterson)等人的认知信息加工(Cognitive Information Processing,CIP)理论等。生涯辅导教育理论涉及生涯发展、生涯选择、生涯决策三个方面。生涯发展理论有助于明晰生涯发展的路径,生涯选择理论有助于理解生涯发展的动力因素,生涯决策理论有助于把握生涯决策的过程,这些理论对于开展系统有效的大学生生涯辅导教育工作具有十分重要的指导作用。

对大学生开展生涯辅导教育,使大学生了解自己是基础,认识社会是基本,人常说"知己知彼,百战不殆",就是这个意思。因此,在生涯辅导教育中应包括以下几方面:(1)了解自己的辅导教育。通过自评、他评或心理量表测试了解自己的能力、兴趣、优缺点、性格类型、气质特征等,发现自己的长短处以便在学习中发挥所长,扬弃所短,更有针对性地培养能力,在择业、就业中扬长避短。(2)了解职业的辅导教育。了解社会上各种职业成功必备的条件及职业的内涵、功能等,并能够适时地提供职业信息服务。(3)选择职业的辅导教育。涉及如何把握职业选择的向度,如何看待职业发展的机会、前途和待遇等问题。

英国学者奈特(Knight)和约克(Yorke)认为可雇佣能力是人才竞争的核心要素,它是指"受雇于适当岗位的适应能力,包括:个人品质、核心技能、创造性和处理技能四类37项由雇主认可的属性与技能"。我国学者苏文平研究得出中国大学生可雇佣能力指标(见表4-10)。

表4-10 中国大学生可雇佣能力指标

| 指标 | 项目 | | | | |
|---|---|---|---|---|---|
| 一级指标 | 个人属性 | 专业素质与能力 | 通用能力 | 实践经历与解决问题能力 | 成就动机与心理素质 |
| 二级指标 | 性别 | 专业知识/所学专业 | 学习能力 | 社会实践/社团活动 | 抗挫折/承受压力 |
| | 仪表礼仪 | 解决专业问题 | 团队合作 | 实习经历 | 责任感 |
| | 毕业学校 | 相关专业证书 | 人际交往能力 | 解决问题能力 | 主动性 |
| | — | — | 赢得他人信任或与他人合作 | — | 敬业精神 |
| | — | — | 口头表达交流 | — | 成就动机 |

由表4-10可以看出,当代大学生的可雇佣能力一级指标中的"通用能力"、"实践经历与解决问题能力"和"成就动机与心理素质"及其二级指标都和心理教育的内容息息相关。而美国著名心理学家麦克莱兰(David C. McClelland)于20世纪70年代提出了著名的素质冰山模型,对素质的概念做了非常形象的解释。他认为,一名员工的素质就像一座冰山,呈现在人们视野中的部分往往只有1/8,也就是浮出水面的冰山一角,而在水面以下的7/8是看不到的。我们能见到的1/8是其知识、资质和技能行为,见不到的7/8则是职业意识、职业道德和职业态度。知识、资质和技能行为是较为容易观察和测量的,称为显性素质;职业意识、职业道德和职业态度是难以观察和度量的,称为隐性素质。这些研究都提示我们在大学生生涯辅导教育中要重视能力与素质的培养。

6. 学习心理指导教育

学习心理指导是指教育者依据现代学习理论,针对影响大学生学习的因素,有目的、有计划、有步骤地指导大学生进行学习的过程。学习心理指导是对大学生学习活动中心理活动的指导,其目的是通过指导培养大学生良好的学习心理品质、促进其心理机能更好地发挥作用,从而激发其学习兴趣,使其提高学习效率,完成学习任务。

学习心理指导之所以必要,主要原因在于:(1)学习是大学生的主要任务;(2)学习心理活动是大学生的主导心理活动;(3)学会如何学习是时代的要求。学会做人(learn to be)、学会做事(learn to do)、学会学习(learn to know)、学会共处(learn to live together)是21世纪的四大教育通行证。

大学生学习心理指导的内容主要有学习动机指导、学习兴趣指导、学习方法指导、学习习惯指导和应试指导等。邵瑞珍认为,"动机与学习之间的关系是典型的相辅相成的关系,绝非一种单向性的关系"[①];苏霍姆林斯基认为,"学习兴趣是学习活动的重要动力"[②];法国生理学家贝尔纳认为,"良好的方法能使我们更好地发挥运用天赋的才能,而拙劣的方法则可能阻碍才能的发挥"[③];叶圣陶认为,"什么是教育?简单一句话,就是要养成习惯"[④]……从上述中外学者的观点中可以看出,对大学生学习心理这五方面的指导关涉大学生学习的效果与成功与否,对大学生的学习活动而言至关重要。

7. 心理健康教育

心理健康教育是大学生心理教育的重点内容。心理健康教育涉及大学生知、情、意、行各个方面,是贯穿三个领域的一条重要基线。心理健康教育并不是大学生心理教育内容中的单独一块,而是融于上述六个方面之中的一条基线。在当代大学生心理教育过程中,我们绝不能因倡导积极心理教育、发展性心理教育而忽略心理健康教育。

随着当代社会对心理健康的关注热度持续升温,国内外学者对心理健康的标准提出了各种各样的观点,可谓仁者见仁、智者见智。但1946年第三届国际心理卫生大会为心理健康下的一个定义,可以作为大学生心理健康标准的普遍性共识:"所谓心理健康是指在身体、智能以及情感上,在与他人的心理健康不

---

① 邵瑞珍.教育心理学[M].上海:上海教育出版社,1988:327.
② 苏霍姆林斯基.学习兴趣是学习活动的重要动力[J].刘伦振,译.外国中小学教育,1990(1):9-13.
③ 唐红波.中小学生学习心理辅导[M].广州:暨南大学出版社,1997:83.
④ 黄正平.小学养成教育[M].南京:南京师范大学出版社,1999:2.

相矛盾的范围内,将个人心境发展成最佳的状态。"国际心理卫生大会认定的心理健康标准,概括起来有四条:(1) 身体、智力、情绪十分协调;(2) 适应环境,在人际关系中彼此能谦让;(3) 有幸福感;(4) 在职业工作、学习中,能充分发挥自己的能力,过有效率的生活。对于我国当代大学生而言,心理健康的体验标准和发展标准亦非常具有指导意义。

人际关系问题和情绪问题是大学生心理问题的主要表现形式,在心理健康教育中要着重开展相应教育。我国著名医学心理学家丁瓒教授曾这样说过:"人类的心理适应,最主要的就是对人际关系的适应。所以人类的心理病态,主要是由于人际关系失调而来。"因此对大学生人际关系问题的指导和教育,首先要重视,其次在理论和实践中都要进行指导和教育。对在大学生中较常见的抑郁症、焦虑症和躁郁症等情绪障碍要开展普及教育,给予大学生基本的识别和保健知识以及应对的基本方法。

危机干预/生命教育是大学生心理健康教育中的重中之重,是当事大学生生命攸关之所系。危机(crisis)往往是突发的,出乎人们的预期,它既有危险性又蕴含着机会、机遇。但如果不能得到很快控制和有效处理,危机就会导致人们在认知、情感和行为上出现重大功能失调,以及个体或社会的混乱无序,甚至极端后果,造成个体、群体或社会的重大损失。

施琪嘉认为危机发生三天内不要做"心理处理",只是"陪伴",即使不做任何处理,当事人大多也会慢慢恢复如常。但是在现场时,心理咨询师一定要"去理性化",以父母的角色出现在当事人身边。这时的当事人处于危机之中,譬如欲跳楼自杀,情绪相当激动,理性思维弱化,当事人的整个状态处于"惊恐系统",此时理性的力量非常微弱。因此只有启动个体的原始行为反射才能唤醒他(她)的理性,如吸吮反射、拥抱反射、跟随反射。在把他(她)从阳台边强行抱下之后,给他(她)递一杯温糖水或温牛奶,给他(她)裹一条毛毯(根据天气选择厚薄),带领他(她)离开现场喧嚣的人群,到一个封闭的、空气流通较好的、光线不太暗也不刺眼的房间。不要不停地问这问那,如"什么原因?什么情况?"等等,只是为了满足他(她)的需要才问"想吃点儿什么,让人去买回来?想见谁,请他(她)过来?"等等。只有当当事人身心状态从"惊恐系统"(P系统)转为"害怕系统"(F系统)时,他(她)的理性思维才能发挥作用,这时心理咨询师可以扮演教师的角色,教导当事人:"怎么这么傻,其实可以……"一段时间之后心理咨询师才可以做回咨询师,帮助当事人理清思路,分析困境,寻求更好的应对策略。

桑志芹在分享对心理减压小组(比如被自杀事件影响的同学)做工作时说,首先不要对他们做同感(同理心),因为他们处在P系统中。其次大家围成一个紧密的圆圈,坐在有扶手的椅子或地毯上,依次进行以下六个步骤:(1)Leader(团体辅导中的咨询师称谓)首先做自我介绍:叫什么?来自哪里(单位/机构)?然后指定从自己左手或右手开始依次介绍。(2)Leader询问:事发后你在哪里?怎么知道的?指定回答顺序依次进行。(3)Leader继续询问:知道后你是怎么想的?感觉如何?联想到什么?Leader用准备好的白板整理小组成员的叙述并写下来(从身体、情绪、行为和认知四个方面分类记录下来,排成十字坐标状)。(4)Leader教导:这些"反应""症状"都是正常的,是你们重情谊、善良、珍爱生命的表现。(5)灌注希望,重新上路:(指导语)这件事是令人遗憾、痛苦的事情,谁都不愿再发生。现在请从左到右依次讲述这次事件给我们的启发意义。请带出你的悲伤,让我们重新前行。(6)在音乐《相亲相爱》中手拉着手互道再见、保重。总之一句话,心理危机的干预是非常技术化的,心理危机的处理是一个系统过程:

| 发现危机 | → | 危机评定 | → | 危机处理 | → | 危机后辅导 | → | 度过危机 |

总之,前面六个方面是普遍化、大众化的当代大学生心理教育的主要内容:自我和谐、人我协调、物我适应,正确认识自我,养成健全人格——成人;做情绪的主人、建立积极关系——成长;有理想、会学习、有能力——成才。第七个方面是当代大学生心理教育一以贯之的重要基线。但是从个体性和具体化而言,大学生心理教育的内容可谓包罗万象。因此,在大学生心理教育工作中,我们要抓住主要矛盾,解决重点问题;面向普遍性,兼顾个别性;关照大众,惠及个人。

## 第二节 当代大学生心理教育的方法与途径

大学生心理教育目标和内容的实现必须借助一定的方法与途径。在近

40年的大学生心理教育实践中,我国一批心理教育的先行者对心理教育的实践方法与途径做了有益的探索,他们的探索为我们开辟大学生心理教育的有效实施方法与途径提供了宝贵的经验。

## 一、当代大学生心理教育的方法

方法是途径的指南。大学生心理教育的方法是大学生心理教育途径的圭臬。一般来说,大学生心理教育的方法有三个:理论灌输法、情境引导法和实践体验法。

### (一)理论灌输法

理论灌输法是以个体的认知功能为中介实施心理教育的方法,主要是对个体认知进行干预的心理教育方法。1994年1月24日,江泽民同志在全国宣传思想工作会议上发表讲话时指出:"我们的宣传思想工作,必须以科学的理论武装人,以正确的舆论引导人,以高尚的精神塑造人,以优秀的作品鼓舞人,不断培养和造就一代又一代有理想、有道德、有文化、有纪律的社会主义新人。"对于当代大学生心理教育而言,"知识的发展是促进心理发展的关键"[1]。

1. 理论是思想的指南,思想是行为的先导

理论是生活经验的总结,科学理论是经过实践检验的真理。没有理论指引的人生是盲目的,没有理论指导的发展是模棱两可的,只有科学的理论才能武装大学生的头脑,使他们在生活中耳聪目明,成为引领时代的先锋。科学理论是大学生心理发展的指路明灯。

2. 科学理论是历史的积淀,是人类文明的传承

科学的理论历经实践的检验,是人类文明的积淀。对人类文明的传承是大学生的历史责任。浸润在人类文明的长河中,大学生的发展如鱼得水、如虎添翼。理论的继承与创新是一脉相承的。只有大学生接过这个接力棒,人类的发展才会充满希望。

因此,对大学生的心理教育首先要采取理论灌输法,了解与继承人类发展

---

[1] 劳顿,等.课程研究的理论与实践[M].张渭城,等译.北京:人民教育出版社,1985:17.

中心灵演绎的规律与心理发展的理论,师人之长以助己,这是理论学习的意义所在。

为了促进理论灌输的成效,有学者指出:要形成以灌输客体为中心,以人的全面发展为目标的双向互动灌输模式;要不断丰富和发展马克思主义,不断拓展灌输内容领域,将理论灌输同解决实际问题相结合,以确保灌输内容的科学性;要从硬性灌输向软性灌输转变、从直接灌输向间接灌输转变、从显性灌输向隐性灌输转变,实现灌输方法的多样性;要引发灌输客体的内在需要,刺激灌输客体的无意注意,加大灌输过程中的情感投入,调动灌输客体的意志因素参与灌输过程,以强化灌输客体的内化过程。① 因此在采取理论灌输法时,要特别注意两点:一是要选择有用、有益的理论。在浩瀚的人类历史中,哲学的理论、社会学的理论、教育学的理论、心理学的理论,多如牛毛。要选择既有益于大学生心理发展,又能够满足其心理需要(如释疑解惑的需要)、成长成才的需要等,符合大学生心理教育目标等的理论。二是要尊重大学生的主体地位。尊重大学生的主体地位是预防强制性灌输的前提。首先,灌输要建立在尊重大学生的基础上,当代的大学生心理教育绝不应是"填鸭式"的心理教育。其次,大学生心理教育是"大学生"的心理教育,大学生的主体地位不容抹杀。灌输应是启发的前提,又为进一步的启发积累了条件。诚如黑格尔所言,人的成长是一个正、反、合的过程,而"理论灌输"是"正"阶段的启蒙。最后,灌输并不是意味着教师高高在上,而是学生可以主动提出问题、积极思考问题,教师与学生之间的双向交流是大学生心理教育理论灌输法的应有之义。

## (二) 情境引导法

情境引导法是指在一定的情境中对大学生心理发展的需要和问题进行引导教育的方法,是一种以个体的情绪、情感为中介的心理教育方法(主要是对情绪进行干预的心理教育方法)。情绪与情感是人们针对客观事物是否符合自己的需要而相应产生的一种态度体验。而伴随着态度体验的还有对客观事物有用性的评判,这就涉及价值观的产生。情绪、情感参与人们的一切活动之中,而价值观也渗透在大学生的一言一行之中。大学生的学习、生活、工作离不开积

---

① 杨芷英.浅谈新时期灌输客体的变化与灌输理念的更新[J].马克思主义研究,2004(3):36-41.

极情绪的支持，大学生的待人接物、为人处事也体现着其价值观的影响。帮助大学生保持积极向上的情绪、秉持科学恰当的价值观，是大学生心理教育的重要内容之一。情境引导法，就是在一定的情境（可以是人为地、有意识地创设一定条件的情境）中，对大学生的情绪、情感体验进行调节、控制和积极引导，在动态的情境性的过程中帮助大学生学会科学地调控自己的情绪，厘清不恰当的思想和观念，树立积极向上的价值观。

动之以情，方能晓之以理。动情是说理的前提，这样说的理方能使人心悦诚服，收到水到渠成之功效。大学生心理教育中的校园心理剧、团体辅导中的角色扮演等都是情境引导法的具体使用。这种方法配合着一定的操作技术会收到更好的效果，比如心理剧中的"旁白""替身"技术，角色扮演中的"空椅子技术"等。而角色扮演中的"空椅子技术"，对于创设一定的情境引导大学生换位思考大有裨益。"空椅子技术"是完形学派常用的一种技术，是使来访者（大学生）的内射外显的方式之一，是完形疗法中最为简便易行而适于心理教育的技术之一。"空椅子"指的是坐在椅子上的来访者面前摆放的那把空椅子。咨询师（老师）通过语言等手段创设一定的情境，让来访者一会儿坐在这把椅子上，一会儿坐在那把椅子上，去体会身为"他人"和"自己"不一样的情绪、情感和想法，从而引发其内心感受发生改变。"空椅子技术"的目的是帮助来访者全面觉察发生在自己周围的事件，体验分析自己和他人的情绪、情感和观念，帮助他们朝着全面统合、真实坦诚以及更富生命力的心理状态迈进。

值得一提的是，在实施情境引导法的时候要注意两点：一是情境的可理解性，二是引导时要注意方式、方法的可接受性。不同的个体因为其自身的成长环境、教育背景、生理特征等不同，对相同的情境可能会有不同的理解，因而对对象的充分了解是情境引导法的先行准备工作。在引导时，还要注意对象的个性特点和认知特点等，尽量使用对方乐于接受的方式进行价值引导、观念厘清等。

（三）实践体验法

实践体验法是以个体的行为活动为中介进行心理教育的方法，主要是对行为进行干预的心理教育方法。行为是思想的具体化。只有通过实践和亲身体验，心里的感受才来得深刻和真实。"纸上得来终觉浅，绝知此事要躬行"，说的就是实践的作用。我国历代思想家对知与行的关系都有精辟的见解,例如,荀子很重视知与行的统一,认为其根本在于"践行":"行之,明也,明之为圣人。圣人也者,本仁义,当是非,齐言行,不失毫厘;无它道焉,已乎行之矣。"(《荀子·儒效》)朱熹主张性即理,强调知先行后,行重知轻:"知之愈明,则行之愈笃;行之愈笃,则知之愈明。"(《朱子语类》卷十四)陆九渊主张心即理,亦强调知先行后。王阳明"合一"了知与行的关系,认为知是行的主意,行是知的功夫,主张知行合一。

心理教育与学科教育的本质区别在于它不是以传递知识(智育)为目的,而是以促进人的心理成长为旨归。人的心理成长无法通过单独的知识传递来实现,任何人都不能代替他人成长。因此社会实践是个体心理发展的必由之路,自我体验是个体心灵成长的必经之径。心理教育活动育人原理、心理教育内容的实践操作性等是心理教育实践体验法的最好注脚。从一定意义上说,没有实践就没有人本身,没有体验也没有人的心理发展。印度"狼孩"卡玛拉的故事就是人类脱离社会实践之后,其心理发展严重受阻的例子:卡玛拉在婴儿时被母狼偷走当孩子养育,即使后来回归社会,在医学专家的帮助下,卡玛拉也只会像狼一样低吼,到19岁去世的时候也只会发出几个基本音节,临终前的智商只相当于一个2岁的人类孩子,人类的其他心理功能就更不用说了。

大学生心理教育中经常开展的心理教育活动就是实践体验法的具体化实施。学科课程的主要功能是将文化知识传递给学生,使学生获得智慧和技能。它的局限在于难以顾及个体发展的差异性和需要,难以发挥个体的主动性和创造性。心理教育活动克服了学科课程脱离学生自身生活和社会生活的倾向,帮助学生从自身丰富多彩的生活世界中选择感兴趣又非常重要的主题和内容。心理教育的实践体验法是"以个体经验为载体,以活动为中介,引导学生热爱生活,悦纳自己,健康愉快地、自由而负责地、智慧而有创意地生活"[①]。实践体验是大学生心理发展——"理论—思想—行为教育"——的落脚点。在实施实践体验法的心理教育时,心理教育的总结和分享至关重要,不然就会沦为每个个体独自的实践和体验,心理教育的成效就会大打折扣。

---

① 钟启泉.基础课程改革纲要解读[M].上海:华东师范大学出版社,2002:408.

## 二、当代大学生心理教育的途径

2001年,教育部《关于加强普通高等学校大学生心理健康教育工作的意见》(教社政〔2001〕1号)指出:"心理健康教育要以课堂教学、课外教育指导为主要渠道和基本环节,形成课内与课外、教育与指导、咨询与自助紧密结合的心理健康教育工作的网络和体系。……要充分利用高等学校广播、电视、计算机网络、校刊、校报、橱窗、板报等宣传媒体,通过第二课堂活动,广泛宣传、普及心理健康知识,强化学生的参与意识,提高广大学生的兴趣。要通过加强校园文化建设,营造积极、健康、高雅的氛围,陶冶学生高尚的情操,促进其全面发展和健康成长。"大学生心理教育的途径是大学生心理教育方法的具体实施路径,结合国内诸多学者的研究,我们认为直接面向大学生开展的心理教育的途径一般来说有四条:课程教学、心理活动、心理咨询、环境干预。

### (一)课程教学

课程教学着眼于受教育者的心理健康水平提高、心理素质优化和心理潜能开发,以心理知识传授、心理品质培养和心理问题辅导为主要内容。心理教育的课程不是心理科学的系统知识体系,而是将有关心理科学的理论和技术转化为大学生自我教育的理论和自我心理训练的可操作方法,以帮助大学生更好地认识、把握自己的心理,更自觉地维护和促进自己的心理健康。

心理教育课程教学既不是教育者一厢情愿的讲授,也不是教育者居高临下的灌输,而是应以大学生为教育的主体和学习的主体,尽可能让大学生"唱主角"。在教学过程中,既要有必要的理论讲述、案例分析,又要有活动参与、角色扮演等,让大学生在参与活动中深化对理论的认知,从而加深体验和感悟,在不知不觉中内化为自我的心理素质,并激发出自我成长、自我训练、自我心理保健的强烈动机。

大学生心理教育的专门化课程是以促进大学生心理健康为宗旨,以大学生心理教育的进程为依托,通过述理、交流、活动等形式组织师生互动的心理情境,帮助大学生提升对心理现象、心理品质、心理调控和心理建构等方面的认知。从这个意义上说,大学生心理教育专门化课程是一种充满了人文关怀精神的文化化课程,而不是以单纯传授心理学知识为目的的工具化课程。文化化的心理教育课程也要传授心理学知识,但与工具化的心理学课程不同:前者重育人、育心,后者重知识传授;前者具有非结构性、非学术性、非结论性、非预定性特征,以关注心灵、精神和意义为重,注重大学生的理解、运用,强调对大学生的精神陶冶、人格养成和个性解放,后者主要表现为对科学理论的机械学习和记忆,强调纯理性的思维、封闭化的学术观点以及僵化冰冷的心理测评手段与标准等。概而言之,大学生心理教育专门化课程不是强制性灌输式的,而是研究式或建构式的;它摒弃了传统学科课程"空洞的说教",营造了认知的氛围,使大学生真正成为认知的主体,民主、平等、合作地参与心理教育进程中,达到促进大学生心理健康、优化其心理品质、开发其心理潜能的课程目标。

大学生心理教育课程大纲举隅:

本课程(通识课"大学生自我发展和人格塑造")以积极心理学为教学理念,强调对大学生开展正向教育、积极引导、赋能欣赏以提升其心理资本。在课堂上教师采取分组团体活动的形式,以教师讲授、学生小组讨论、经典心理视频和音频播放、心理测评、大学生心理问题调研等方式开展教学。就教学内容而言,本课程以心理健康知识为学科基础(经),以当代大学生心理问题为调研课题(纬),以小组活动为朋辈互助、交流的平台,以经典心理问卷测试为自我认识、开发的手段,鼓励大学生都能够以开放的、分享的态度积极参与学习和实践,并大力倡导探究式学习;努力促进学生在自我领悟的基础上理解心理学的理论,并运用所学的心理调节方法,解决成长中的困惑和心理困扰,优化其自身心理素质,促进大学生心理健康水平的提高;积极引导大学生正确认识自我,并针对具体问题开展指导,促进其对自我、他人及社会的认识,从而提高其心理健康水平,增进其心理资本。

除了大学生心理教育的专门化课程之外,大学生心理教育的渗透性课程教学也是大学生心理教育课程教学的必要补充。(1)从教育时空层面来说,各科的课堂教学占据了大学生最多的时空。(2)从教育资源层面来说,各科教学目标、内容本身就包含着丰富的心理教育资源。诚如沈贵鹏所言:任何一门学科课程的目标都应同时反映学生的心理层面才能形成完整的目标体系。捷克教育家夸美纽斯(Jan Amos Komenský)也说:"知识如果不合于这个或那个学生的心灵,它就是不合适的。"①(3)从教师队伍层面来说,大学生心理教育师资的缺乏是个不争的事实。(4)从课程层面来说,"学科渗透"式的心理教育课程是大学生心理教育深入发展的标志,亦是现代学校课程发展的必然逻辑。苏联教育家赞可夫在《教学与发展》一书中指出:教学不仅是教师用知识、技能武装学生的过程,同时也应当是使学生得到一般发展的过程。"所谓一般发展,就是不仅发展学生的智力,而且发展情感、意志品质、性格和集体主义思想。"②因此,渗透性的大学生心理教育课程教学是大学生心理教育课程教学的一部分,就当前高等教育的现状和大学生心理教育的现状而言,大力挖掘大学生心理教育渗透性课程教学不啻为一个更好地发展大学生心理教育的好方法。

### (二)心理活动

人常说:生命在于运动。这里的"运动"不仅可以理解为"体育运动",还应理解为"生命的活动"。活动是生命的本源意义之一。作为一个身、心统一的人,其身、心的发展都是以活动为载体而达成的。心理活动是心理教育活动的简称。心理教育活动在大学生的心理成长和发展中有以下作用:(1)心理教育活动有利于促进个体的心理在遗传素质和社会环境的相互作用中更好地发展。遗传素质给予个体心理发展的可能性,社会环境通过个体的实践活动使这种可能性变成现实。(2)心理教育活动有益于培养和发挥个体的自主性、创造性和能动性等主体性特征。(3)心理教育活动有助于个体心理潜能的发挥。(4)心理教育活动能够促进个体的自我教育和自我成长。

大学生心理教育活动是多种多样的,从内容上可划分为:

(1)节日型活动。如:3·20("咱爱您")心理健康周活动、5·25("我爱我")心理健康月活动、9·20("就爱你")活动等。

(2)讲座型活动。如:人际关系的讲座,"你好!我的兄弟姐妹""和谐——从心开始";自我认识与自我悦纳的讲座,"天生我才""谁不说俺家乡好";挫折培养和教育的讲座,"阳光总在风雨后""幸福的钥匙""从心出发,做最好的自己";生涯教育的讲座,"我的未来不是梦""大学要有大收获";等等。

---

① 夸美纽斯.大教学论[M].傅任敢,译.北京:教育科学出版社,1999:137.
② 陈家麟.学校心理健康教育:原理、操作与实务[M].北京:教育科学出版社,2010:200.

（3）知识型活动。如：心理健康知识竞赛、心理沙龙、心理刊物编撰等。

（4）文体型活动。如：心理微电影、心理剧本及心理剧大赛、趣味心理运动会等。

（5）培训型活动。如：班级心理委员的培训、大学生心理健康协会骨干会员的培训等。

（6）测试型活动。如：对大学新生的心理测试、建档活动等。

大学生心理教育活动从形式上可划分为集体活动和团体活动两种。前者是以宿舍、班级、院系等组织单位为主的心理教育活动形式，如班级心理教育活动等，而后者是根据一定的心理教育目标人为地把人组建成一个临时单位即团体的心理教育活动形式。团体是两个或两个以上独立的个体通过彼此互动、互相影响而形成的个人集合体。但并非任何个人的集合都是团体。一个有意义或有功能的团体，必须具备四个要素：

（1）有一定规模，即由两个以上的人组成。

（2）彼此有共识，即有共同的目标、理想、兴趣、价值，志同道合、荣辱与共，共识越强，团体越有凝聚力。

（3）互相影响，即成员之间有互动。彼此了解、支持、帮助、关怀、鼓励、协助、欣赏等属于正向互动，是积极的互动；彼此打压、挑剔、责备、讽刺、挖苦、欺骗等属于负向互动，是消极的互动。团体成员之间若无互动则团体氛围死气沉沉，冷漠而无生机；团体成员之间的正向互动越多，团体越健康，越有活力。

（4）形成规范。没有规矩不成方圆。团体成员之间通过共识和互动，形成一定的团体规范，且为大家所遵守；或团体领导者根据团体发展的需要拟定规范，与团体成员协议后签约承诺遵守。团体的规范既有明示的，如上面讲到的协议，也有暗示的，如团体的道德、习惯、风俗等。规范越清楚，且为所有成员遵守，团体的发展就会越健康。

团体活动在促进大学生心理健康方面有以下作用：

（1）获得心理支持

在团体中，领导者提供的指导，包括传授心理健康、心理疾病方面的专业知识等，以及团体中其他成员对生活智慧和烦恼的交流、建议、忠告等，都能对个体心理健康起到促进的作用。团体领导者和团体中的"佼佼者"在团体的运行发展和互动中不知不觉会成为团体成员的榜样，在空间距离有限、心理距离日益亲近的团体活动中,他们的榜样示范作用给团体成员带来巨大的正能量。其他团体成员会尝试像他们那样做或把他们作为替代强化的榜样而默默学习。

(2) 培养社交技巧

在团体活动中,成员在互动中会磨合个性,观察别人、体察自己,选择适宜的表达手段,感受彼此之间的潜在的张力和合力,调整自我的界限以与他人契合……在这样的过程中,成员的社交技巧得到锻炼和提高,成员在团体中被接纳,有地位,不但有了归属感,而且其自尊心亦会提高。这时的成员有信心面对真实的自己,而且与他人亦能发展出较深厚持久的人际关系。

(3) 培育积极情感

大多数成员进入团体之前都有这样那样的不如意的生活体验,有来自家庭的,有来自周围环境的,有来自自身的,等等。在团体中与其他成员的相互交往会启发当事人思考和领悟:他人是我们的生命之源,无论是作为重要他人的父母和其他家长,还是一般化的周围人,没有他人就没有自我的存在。团体成员经由他人对自我有个比较全面的认知之后,其焦虑水平会逐渐降低,对自我的接纳度会渐渐提升,而且还能在团体中体会到助人的快乐与价值感。在温暖接纳的团体氛围中,积极的情感在成员之间流动。成员浸润在积极的情感、情绪之中,对其积极情感的培育非常有益。

(4) 促进亲社会行为

在团体中,成员之间互相提供帮助并且获得回报,不但在施与受的连锁互动中均有获益,而且也由给予的行为本身得到收获。在这个过程中,就连最初不自信的成员都能够逐渐获得自信与自尊。在团体活动中,个体给予别人温暖、鼓励和支持,成就自己的存在感、人生价值和意义等。亲社会行为逐渐成为每个成员自发的意识行为。

(5) 宣泄负性情绪

不良情绪或负性情绪对心理健康的负面影响非常大,因此心理教育中特别关注负性情绪的适当宣泄。合理宣泄负性情绪是人际互动、人际关系深入的标志。随着团体活动的进行,人际关系的深入,个体被压抑的负性情绪在团体中逐渐释放出来,个体的心理压力得到缓解并且能够得到其他成员的共鸣、共识和支持。负性情绪的合理宣泄非常有益于身心健康。

(6) 获得希望和动力

希望和动力是人生之轮的润滑油。一个人只有有了希望和动力才会有生命的活力。在团体活动中，团体领导者要引领正向的团体氛围，灌注希望和动力给团体中的每一位成员，让希望和动力萦绕在团体的周围，让团体成员彼此之间的温暖、鼓励、支持、肯定、欣赏等正能量环绕着、浸润着每一位团体成员的美丽心灵。

总之，团体活动在节约心理教育资源和扩大心理教育成效方面有着非常巨大的优越性，是大学生心理教育活动的重要形式之一。

## （三）心理咨询

所谓心理咨询，是咨询师（counselor）运用心理学的理论、方法和技术，给来访者（client）以启发、帮助和教育，促进其心理健康发展的过程。心理咨询绝不是"闲聊"，它是一门技术性很强的综合性艺术。心理咨询的心理学学科性质决定了它的自然科学属性，而"咨询"又决定了它的人文社会科学属性。因此心理咨询兼具自然科学和人文社会科学的双重属性。心理咨询是一种助人自助的行为，不是一般的助人行为，它帮人解决烦恼却不代人做决定；心理咨询是一种人际交流，却不是社交活动，心理咨询要与来访者建立密切的工作联盟关系，但却不是亲密的私人友谊关系；心理咨询对来访者的价值观念进行引导干预，却不能站在道德的高地上横加指责。心理咨询重在聆听而不是说教，重在启发以促其领悟，而不是灌输以催其清醒，它强调双方的真诚互动，心悦诚服，而不是单向度地施以高压，令人屈服。真诚、热情、尊重、保密、共情、无条件积极关注是心理咨询工作的基本守则。

心理咨询有许多种分类，按咨询人数可划分为个体咨询和团体咨询；按咨询内容可划分为障碍咨询和发展咨询；按咨询方式可划分为直接咨询和间接咨询；按咨询途径可划分为门诊咨询、电话咨询、书信咨询、网络咨询、专栏咨询和现场咨询等。

心理咨询是一项技术性很强的工作，它不仅对咨询师有较高的专业素质的要求，而且对心理咨询的环境和设备都有一定的要求。"凡事预则立，不预则废"，在做心理咨询前，咨询师要做好相关的准备工作。一般来讲，心理咨询是一个过程，对一个来访者的心理帮助主要从下面几个方面着手：

(1) 来访者的基本情况

来访者的求助方式：主动还是被动（如果是被动来访，要在后续的咨询中逐渐转化为自愿来访，不然会影响咨询的效果）；来访者的成长背景和家庭环境；来访者留给咨询师的第一印象以及来访者的学习和人际关系情况等。

(2) 为什么来访者现在才来？他（她）是怎样度过这些年/天的？

明晰来访者的咨询动因，挖掘来访者自身的心理资源，间接给予来访者信心和希望。

(3) 来访者生活中的重大事件

对来访者在咨询室中谈到的生活事件进行重新解读、体味，了解其心理问题发展和形成的历程。

(4) 咨询过程中发生的重要事件

这是指在咨询过程中咨询师与来访者之间发生的事件。咨询师在咨询过程中运用语言或行为引领来访者在咨访互动的场域中体味当下的觉察，由此给予来访者心灵的触动，促使其主动改变其固有的思维或行为模式。

(5) 咨询目标的商定

咨询目标是由来访者与咨询师双方商量后确定的，目标商定后一般要签订咨访协议，以保障双方的权利。

(6) 个案概念化

个案概念化是咨询师对来访者心理问题的理论解读、分析和处理的理论预设。

(7) 咨询过程

咨询过程是采用某种心理咨询方法如认知行为疗法、精神分析疗法、人本主义疗法等对心理咨询目标进行工作的过程。一般而言，一个个案的咨询过程至少有三个阶段：第一阶段是建立关系，收集资料，进行心理评估；第二阶段是工作阶段，是咨询师运用一定的理论和方法与来访者共同工作的阶段；第三阶段是结束阶段，结束阶段有很多结束的指标，比如来访者提出结束、咨询目标达成等都可以作为结束的理由。

最后要说的是，在一个个案结案之后，咨询师的反省、总结对心理教育工作意义重大。"鉴于前例，资于育心"，对心理咨询师的专业成长和心理教育工作都大有帮助。

心理咨询经常通过触及来访者的情感来做心理疏通的工作,但心理咨询本身却是一个非常理性、技术性很强的工作,同时又充溢着人文关怀气息。"咨询是生命的流露",卡可夫一语道破真谛。

当下,网络及新媒体的发展和应用尤其受到年轻人的青睐。高等教育对"微时代"的认识应该上升到文化自觉的高度。心理咨询应该抓住网络育人和网络咨询的机遇,通过网络及新媒体平台发挥心理咨询的心理教育功能,在校园网、微博、微信等平台上传播心理保健知识、传递心理正能量,构建高校网络心理咨询的新平台、新机制和新举措。目前,使用网络尤其是新媒体进行心理咨询尚处于摸索之中,但毋庸置疑,这是大学生心理咨询的新发展。

### (四)环境干预

环境干预,又可称为生态干预,指学校心理教育工作者采用各种方法对大学生所处的环境进行优化和修正,为其创造一个积极的学习和生活环境。环境干预不仅包括对学校环境的干预,还包括对家庭和社区/社会环境的优化。本书只对学校环境展开论述。

学校环境可划分为物理环境和心理环境两大部分。物理环境主要包括:(1)自然环境,如学校的气候条件、地理位置、景观景致等;(2)时空环境,如教学楼、宿舍、食堂的分布、排列等;(3)设施环境,如体育运动场所及设备、教室多媒体设施等。法国学者研究表明:在法国,如果每户的人均居住面积在8~10 $m^2$ 以下,就会使社会和心理病症增加两倍。[①] 可见,物理环境对人的心理健康的影响巨大。学校的心理环境主要包括:(1)组织环境,如校内的院系、班集体、社团等团体心理氛围,以及校风、班风等;(2)人际环境,如同学之间、师生之间的人际关系等;(3)情感环境,如学校全体师生员工之间的情感关系、课堂气氛、班级凝聚力等;(4)舆论环境,如学校、院系、社团等的集体舆论,甚至个别流言、意见等;(5)信息环境,如学校内部各部门、各团体以及个人与个人之间的信息交流情况等;(6)文化环境,如学校大型文体活动、学生的课外文化活动等。美国学者斯里曼(P. J. Sleeman)和洛克威尔(D. M. Rockwell)在《设计

---

① 相马一郎,佐古顺彦.环境心理学[M].周畅,李曼曼,译.北京:中国建筑工业出版社,1986:119-120.

学习环境》一书中指出:"一个各方面可能都很优秀的学习环境设计方案,如果认识不到良好风气在整个学校环境系统中的各种重要作用,那么在它离开设计图版之前就可能被注定了失败的命运。"[1]可见,心理环境在学校环境系统中的重要作用。

一般来说,物理环境和心理环境对个体心理的影响是同时起作用的。例如,同一所学校的两位大学生,一位来自东北,一位来自海南。面对同样的自然环境,两人的反应迥异:东北的同学觉得天气太潮湿了,身上起了湿疹,而海南的同学却觉得天气太干,身上的皮肤脱屑了,嘴唇也裂了。学校为解决两位同学的生活适应问题,在宿舍配备了空调和加湿器,然后安抚他们说过一段时间身体就会感觉好一些的,不要烦恼上火。这个问题大概过一两个月可能就不存在了,一方面是物理环境的改善所起的作用,另一方面就是心理环境发挥的作用。情感环境和组织环境的作用:有人关心;舆论环境的积极心理暗示作用:南北方人的生活习惯有差异,适应一段时间就会好一些。

对物理环境的优化往往要比对心理环境的优化容易得多。心理环境虽然看不见、摸不着,但它却真实、客观地存在着,围绕着每一位大学生。学校心理环境的优化干预关键在于对学校物理环境中的个体的人或群体的人进行心理干预,比如针对大学生之间的人际关系进行指导以营造和睦的情感环境等。

环境干预并不直接针对大学生本人,而是着重于对影响大学生心理健康的环境因素进行干预,通过改变大学生周围的事物、人的心理来改善其所处的物理环境和心理环境,以预防和缓解各种心理问题。学校环境的优化干预是一个系统工程,要高屋建瓴,全局把握,事无巨细。但由于环境干预要针对大学生周围无处不在的各色环境,在具体实施时往往存在一定的难度。

---

[1] 陈家麟.学校心理健康教育:原理、操作与实务[M].北京:教育科学出版社,2010:247.

# 第五章

## 构建中国化大学生心理教育体系

马丁·海德格尔说:"一切本质的和伟大的东西都只能从人有个家园和从传统中扎了根中产生出来。"[①]"西方心理学的大多数问题只有在西方历史——西方地理的、经济的、军事的、科学的背景——的范围内才是有意义的问题。"[②]因此,当代的大学生心理教育更需要贴近我国现实社会情况和中国文化精神,重视研究和挖掘我国传统文化的心理底蕴,立足于我国的国情,逐步形成适应于我国本土文化的特点和模式。当代大学生心理教育的中国化即是本土化,这是我国大学生心理教育的生命力和希望之所在,是一项极其艰苦且必须为之奋斗的发展目标。

# 第一节 中国化大学生心理教育的文化根基

## 一、中国文化的精神

中国文化的核心是传统中国哲学,正如冯友兰所提到的那样,传统中国哲学的任务不在于增加实际的知识,而在于提高心灵的境界:从自然境界(顺习而行)、功利境界(生物之理)、道德境界(尽伦尽职)而至天地境界(天地合一)。[③]在传统中国哲学看来,一个人要成为真正意义上的人,或者说成为圣人,就要不断地由精神修养去觉解生存的意义,去体认更高的存在,去成就天人合一的境界。可以说,传统的中国哲学中蕴藏着中国本土的心理学。当然,它不是一般心理现象的客观知识体系,也没有特定的部分描述和解释一般的心理现象。但是,它实际上拥有丰富的心理学的远见卓识,这构成了独特的理论和实践的体系,对心理教育有着独特的作用。徐复观认为"中国文化的基本特性,可以说是'心'的文化"[④]。申荷永、高岚在其所著的《心理教育》中指出:"通过

---

[①] 海德格尔.只还有一个上帝能救渡我们[M]//海德格尔选集:下册.孙周兴,等译.上海:生活·读书·新知上海三联书店,1996:1305.
[②] 墨菲,柯瓦奇.近代心理学历史导引[M].林方,王景和,译.北京:商务印书馆,1982:19.
[③] 中国哲学的精神:冯友兰文选[M].北京:国际文化出版公司,1998:1.
[④] 徐复观文集[M].武汉:湖北人民出版社,2002:31.

西方心理学家的努力,当代心理学已经有了一个较为完整的躯体,并且五官俱全,也有了一个注重认知的头颅。但是其所缺少的,正是一颗'心'。而在我们中国文化的心理学中,所蕴含的也正是这种'心'的意义。"①

中国的心理文化,是一种生活心理学,是一种哲学心理学。中国的哲学心理学源于生活心理学,又指导着生活心理学。儒家经典《大学》中提供了个体由内圣而外王的修养和践行的步骤——"格物、致知、诚意、正心、修身、齐家、治国、平天下",指明了建构理想人格乃至理想社会的实现过程。道家强调弃智和无为,认为"涤除玄览"是个返根复本的过程。佛教禅学让人灭除贪心妄念,摆脱生死流转,达到心灵清静,从无明转为觉悟,由蒙昧进到智慧,从而改变人的内心体验,改变人的精神境界,改变人的人生道路。中国传统文化对人的心灵活动或心理生活有自己的基本设定,那就是精神的普遍统一性,即"道",这就是儒家的中庸之道、道家的自然之道和佛家的菩提之道。而在历史发展中,道家的自然之道和佛家的菩提之道作为儒家中庸之道的有益补充而形成"一体两翼式"(儒学为主、为体,道学、佛学为辅、为翼)的中国传统文化之格局。

中国文化的精神是中国精神的集中体现。学者劳思光认为作为中国文化精神的主脉,儒学有五个特点:(1)不重思辨重践履,重主体自身之升进;(2)以自觉的价值主体改造实然的自我;(3)只问应然的努力,不问实然的限制;(4)知识从属于道德;(5)政治从属于道德。美国学者里夫金在《欧洲梦》中说:"西方思想注重个人,东方思想注重集体,在东方,个人身份无法脱离与自身所属的集体的关系。哲学家亨利·罗斯蒙特写道,在儒家思想里,没有'我'能够孤立存在或被抽象地思考:'我'是根据其他具体个人的关系而扮演的各种角色的总和……就集体而言,他们为我们每个人都编织了一幅独特的个人身份图案,因此,倘若'我'的某些角色改变,其他人的角色也必然会改变,从而,实实在在地把'我'变成另一个人。"②中西方文化不同:中国是德性文化,西方是理性(智性)文化;中国是人性善观,西方是人性恶观;中国人重集体,西方人尚个体。中国的文明早熟于西方,中国是世界上唯一一个延续五千多年文明的文化

---

① 申荷永,高岚.心理教育[M].广州:暨南大学出版社,2001:2.
② 里夫金.欧洲梦:21世纪人类发展的新梦想[M].杨治宜,译.重庆:重庆出版社,2006:326.

大国,有历经多次浩劫依然生生不息的东方文化之脉。"两脚踏东西文化,一心评宇宙文章"的林语堂说:"道家精神和孔子精神是中国思想的阴阳两极,中国的民族生命所赖以活动(的基石)。"

## 二、中国人的精神

在建设和谐社会和幸福中国、文化中国的今天,大学生心理教育应以中国化马克思主义理论为指导,用以爱国主义为核心的民族精神和以改革创新为核心的时代精神鼓舞斗志,用社会主义核心价值观引领风尚,为实现中国特色社会主义共同理想和中华民族伟大复兴而做贡献。

马克思主义在中国的发展已历经一个多世纪,从毛泽东思想到邓小平理论再到"三个代表"重要思想、科学发展观、习近平新时代中国特色社会主义思想,马克思主义中国化取得了令人瞩目的成果。中华民族的伟大复兴不仅是经济的复兴、政治的复兴,更是文化的复兴、人性的复兴。2005年9月27日,刘延东在中华文化论坛上所作的演讲《伟大的民族创造伟大的文化,伟大的文化推进伟大的复兴》中指出:"伟大的复兴需要伟大的文化。作为中华儿女,中华文化是我们共同的骄傲,共同的身份,是抹不去的生命'痕迹'。我们都是中华文化的承载者、传播者,有义务、有责任大力弘扬中华民族优秀文化,使烛照中华数千年的人文之光薪火相传,熠熠生辉,成为中华民族在新世纪实现伟大复兴的强大精神力量。"[①]党的十七大报告进一步明确提出了"弘扬中华文化,建设中华民族共有精神家园"的号召。走中国特色社会主义之路是实现中华民族伟大复兴的应有之义,而构建"中学为体,西学为用"的大学生心理教育体系是当代大学生心理教育中国化发展的必由之路。

鲁迅先生曾说:"惟有民魂是值得宝贵的,惟有他发扬起来,中国才有真进步。"从学术视野来看,以儒学为核心的中国传统文化与马克思主义确有广泛的思想同向性,根据学者汤一介的研究,这种同向性体现在四个方面:(1)儒学和马克思主义都在追求理想主义的社会目标,儒家的"大同""小康"的社会理想与马克思主义的社会主义、共产主义理想有共通之处;(2)儒学与马克思主义都

---

① 卢太平,刘余莉.文化自信心与中华优秀伦理道德教育[J].当代青年研究,2010(1):22-27.

是实践的哲学，其积极入世的理念感召着一代代的人前赴后继；(3)儒学与马克思主义都是从社会关系来定义人的本质，强调人的社会性；(4)儒学与马克思主义对"斗争"与"和谐"都持辩证思想。① 从心理教育的哲学指导基础来看，儒学有很多与马克思主义相契合的理念；从心理学思想来看，儒学与心理学的融通之处比比皆是。

1895年，思想家严复曾对比过中西方人的心态差异，做过精辟的总结：中国最重三纲，而西人首明平等；中国亲亲，而西人尚贤；中国以孝治天下，而西人以公治天下；中国尊主，而西人隆民；中国贵一道而同风，而西人喜党居而州处；中国多忌讳，而西人众讥评。其于财用也，中国重节流，而西人重开源；中国追淳朴，而西人求欢虞。其接物也，中国美谦屈，而西人务发舒；中国尚节文，而西人乐简易。其于为学也，中国夸多识，而西人尊新知。其于灾祸也，中国委天数，而西人恃人力。精神诊疗专家杨德森也这样描述中国人的心理特点：勤劳俭朴，自强不息；克己容忍，谦和持中，家庭为重，亲疏有别；伦理为纲，尊卑有序。② 这是中国特有的文化孕育出的中国人的集体人格特征。杨国枢认为中国人与西方人有许多不同：中国人对集体的认同度高于西方人——中国人崇尚"集体主义"，而西人崇尚"个人主义"；对中国人来讲，影响自己最大的是"重要他人"(significant others)，而西方人却是"概括化他人"(generalized others)。

中国人民政治协商会议第八届全国委员会第016号紧急呼吁提案指出，传统文化国学经典是"我们的民族智慧、民族心灵的庞大载体，是我们民族生存、发展的根基，也是几千年来维护我国民族屡经重大灾难而始终不解体的坚强纽带"③。当代大学生心理教育的本土化与国际化是相互依存、相互沟通的。离开心理教育的本土化发展而谈心理教育的世界性、国际化是毫无意义的。因此，对国外的心理教育我们不应盲从，而要对其进行批判、学习，这对推进我国心理教育的本土化发展非常必要。在世界扁平化、经济全球化、文化全球化的

---

① 甘文华.中国灵根[M].南京：江苏人民出版社，2013：26.
② 陈华.心理咨询中价值干预的有关问题[J].内蒙古师范大学学报（哲学社会科学版），2000(2)：108-111.
③ 周凯，蒋建敏，陈振帮."孝文化"与积极心理教育的本土化[J].当代青年研究，2012(10)：56-59.

今天,只有民族的才是世界的,倡导构建"中学为体,西学为用"的中国化心理教育体系是我国当代大学生心理教育可持续发展的必然选择。人的心理发展不是一个自然而然的过程,而是一个心理的"人化"过程与"文化"过程的统一。中国文化的精神浸润着每一个中国人的心灵,铸就每一个中国人的精神。

## 三、中国人的积极集体意识

### (一)处世——中庸

"人心惟危,道心惟微;惟精惟一,允执厥中。"这十六个字是儒学乃至中国传统文化中著名的"十六字心传"。这里的"允执厥中"就是"中庸"的意思。

《中庸》说:"天命之谓性,率性之谓道,修道之谓教。道也者,不可须臾离也,可离非道也。是故君子戒慎乎其所不睹,恐惧乎其所不闻。莫见乎隐,莫显乎微,故君子慎其独也。喜怒哀乐之未发,谓之中;发而皆中节,谓之和。中也者,天下之大本也;和也者,天下之达道也。致中和,天地位焉,万物育焉。"这可以视为对中庸之道的界定。其中"喜怒哀乐之未发,谓之中;发而皆中节,谓之和"可以看作中庸之道的第一个层面,告诫人们以一种"中和"的心理状态与外界接触。"中"与"和"构成了个体的一种美好气质,这种美好的和平气质的心理基础是仁慈、博爱。"中也者,天下之大本也;和也者,天下之达道也"可以看作中庸之道的第二个层面,阐明了"喜怒哀乐之未发"的"中"的气质心理和"发而皆中节"的"和"的气质行为特点和本质。"致中和,天地位焉,万物育焉"可以看作中庸之道的第三个层面,阐明了达到"中和"境界后的效果。"天地位焉"表明人与天地参而为一;"万物育焉"表明人与自然万物合而为一。

中庸以"仁"为根本,以"诚"为验证,以"和"为归宿。它包含两个层面的意思:一个是品德上的中庸之道,另一个是行为上的中庸之道。作为做人之道,中庸旨在张扬人的善良品性,发乎仁爱、同情之心,知荣辱、明是非,待人接物有礼有节,离此则背离中庸之道。推己及人,诚心诚意,实实在在地贯彻于思想、言行之中,以见"仁者之心";"调和折中",不断调整社会关系,不断化解矛盾,社会趋于和谐。

中庸首先从个人修养做起,它在精神实质上与"忠恕"是一致的,主要体现为两点,一是教导人们要用中庸之道处世,二是教导人们要用诚实之心待人。中庸强调一个"和"字,心态和谐、人际和谐、社会和谐、人与自然和谐,一切"以和为贵"。林崇德认为中共中央十六届六中全会中关于心理和谐概念的提出,对我国心理学工作者提出了明确的要求,而且为我国心理学界实现心理学研究中国化的努力提供了重要契机。[①] 这也是当代大学生心理教育中国化发展的重要契机。

中庸作为一种哲学本体论,在近一百年来逐渐式微,而在当下反中庸时代重新提倡中庸,尤为需要。因为社会在经过了否定之否定后,人们的思维更加成熟,也更加希望自己与他人、自己与社会、自己与国家、国家与国家之间充满冷静的思索和辩证的关照,从而把握中庸之道。"致广大而尽精微,极高明而道中庸。"今天,中庸的意义正在逐渐显露出来,在反省现代化之路的偏激和极端之后,人类才会迷途知返,遵循中道,而走向具有生态文化意义的"诗意地栖居"。自我和谐、社会和睦、世界和平才会成为真正的现实之物,而不再是空中楼阁、海市蜃楼。

## (二) 为人——君子

孔子心目中的理想人格当是君子。虽然他也提到过"圣人",但"圣人"毕竟是少数人的理想人格。孔子认为一般人都可以修养为君子。他以君子人格为标准,认为君子中居于高位、为治国安民作出重大贡献的人就是圣人。而与君子相对,只关心一己之利,心胸狭窄、不明事理,只知道随声附和,当官时骄傲凌人、喜欢吹牛拍马的人,穷困时便胡作非为的人就是小人。孔子很多次谈到君子,并用了很多对比式的句子来阐述君子与小人的区别。子曰:"君子坦荡荡,小人长戚戚。"(《论语·述而》)"君子泰而不骄,小人骄而不泰。"(《论语·子路》)"君子喻于义,小人喻于利。"(《论语·里仁》)"君子怀德,小人怀土;君子怀刑,小人怀惠。"(《论语·里仁》)"君子有九思:视思明,听思聪,色思温,貌思恭,言思忠,事思敬,疑思问,忿思难,见得思义。"(《论语·季氏》)孔子的君子人格后被儒学继承人孟子等发扬光大。孟子认为君子的仁、义、礼、智品格根植于

---

① 林崇德."心理和谐"是心理学研究中国化的催化剂[J].心理发展与教育,2007(1):1-5.

心,人性本善,人皆可以为尧舜。他说:"恻隐之心,人皆有之;羞恶之心,人皆有之;恭敬之心,人皆有之;是非之心,人皆有之。"(《孟子·告子上》)孟子的君子人格更注重独立人格。他说:"居天下之广居,立天下正位,行天下之大道;得志与民由之,不得志独行其道。富贵不能淫,贫贱不能移,威武不能屈,此之谓大丈夫。"(《孟子·滕文公下》)孟子更强调大人格:"故天将降大任于是人也,必先苦其心志,劳其筋骨,饿其体肤,空乏其身,行拂乱其所为,所以动心忍性,曾益其所不能。"(《孟子·告子下》)儒家认为君子应当以仁为本、以礼为质,并具备重义轻利的品质、自强不息的精神和诚信的价值观念。从宏观方面而言,儒家认为君子要做到"三达德":"知者不惑,仁者不忧,勇者不惧。"(《论语·子罕》)中观层面做到"修齐治平"及"明明德,亲民,止于至善"。微观层面做到仁、义、礼、智、信等。在文化历史的发展中,君子人格被树立为两千多年以来中国人的集体理想人格。

儒家理想人格君子的形象对当代培养健全人格具有借鉴意义。它不仅涉及了现代心理学人格结构的"生理我、心理我"之概念,更高扬了"社会我"的大旗,彰显了"超我"的人格魅力,尤其是孟子的君子人格更是具有宏大之胸怀——"穷则独善其身,达则兼济天下""浩然之正气",其理论在当代大学生心理教育中的同理心教育和挫折教育方面亦有实践指导价值。

中国文化是中国人生长的"文化土壤"。古谚云:一方水土养一方人。我国当代大学生心理教育的中国化发展应该立足于中国文化,以中学为体,以西学为用,构建当代大学生心理教育的文化根基。

## 第二节 中国化大学生心理教育的中国特色

### 一、心理教育与道德教育的历史渊源

改革开放以来,现代信息技术的快速发展、西方文化的传播、价值观念多元化的冲击都给我国高校思想政治教育带来严峻挑战。一些德育工作者发现,传统的说教、理论灌输等思想政治教育方法,忽视受教育者心理发展特点和个人

需求,已经难以适应形势的新发展,因此采用心理咨询、心理疏导方法以提高思想政治教育的实效性。1988年在上海交通大学召开的"咨询教育理论与实践研讨会"上,成立了"中国高校心理咨询研究会筹委会",几位主要负责人中一半以上是思想政治教育人员。1990年正式成立的全国大学生心理咨询专业委员会的委员中,一半以上的人从事思想政治教育工作。[①]

1987年,南京师范大学班华教授正式提出了心育问题,在《德育原理》一书中,提出"把德育和心育结合起来""以形成优良思想品德和心理品质,促进心理健康和个性的和谐发展",并指导研究生探索这一课题。1988年,林崇德教授在出版的《品德发展心理学》一书中,主张把心理健康教育与品德培养结合起来研究。同年,燕国材教授在《重视非智力因素,改革学校教育工作》一文中,进一步提出了加强心理教育、培养心理品质的问题,并主张把心理教育与政治教育、思想教育结合在一起,构成一个完整的学校教育工作系统。

1994年8月31日,《中共中央关于进一步加强和改进学校德育工作的若干意见》中要求自觉把心理健康教育纳入德育的视野。1995年11月23日,原国家教委颁布的《中国普通高等学校德育大纲(试行)》明确将培养学生具有"健康的心理素质"作为德育目标之一,把心理健康教育列为德育十大内容之一。由此可见,心理教育与道德教育的关系非同一般,在政府和学者的共同推动下日益亲近。迄今为止,在我国政府层面,总是把心理教育纳入德育的视野,将其与思想政治教育相提并论。但在学术领域,学者们有各种不同的声音,对于二者之间的关系提出了大概六种观点(详见绪论)。教育部基础教育司原副司长王建国曾在接受记者专访时说:"心理健康教育与德育工作有着密切的关系,但二者又有严格的区别。德育是关系培养人才成长方面的教育,心理健康教育是以提高人的心理素质为目标、遵循心理发展的普遍的规律性教育。在现实教育中,二者不能相互替代。但必须看到学生思想品德和行为问题往往是心理问题和思想问题交织在一起,要注意二者相辅相成,帮助学生健康成长。"[②]

在教育实践过程中,心理教育与道德教育往往是结合在一起的,但在思想

---

① 马建青.心理卫生与心理咨询论丛[M].杭州:浙江大学出版社,2004:347.
② 王琰.对心理教育与德育关系的再认识[J].教育理论与实践,2007(3):26-27.

认识上区别二者的性质是有必要的。早在1803年,康德在《教育论》一书中就专设"心理之训育"一章来探讨心理方面的教育。康德认为,"心理之训育与道德的陶冶不同。此则目的在本性,而道德之陶冶目的在自由。人可以身体训练极佳,心理训育亦好,然而如缺乏道德陶冶,依旧是坏人"①。康德的这句话含有两层意思:一是心理教育与道德教育的目的不同;二是人的教育中不能没有德育。心理机能是中性的,人的成长发展需要德育引导,心理教育为德性的发展提供优化的心理基础。柏拉图说:"德性是心灵的秩序。"德性是连接心理教育与道德教育的连通器。德性一方面构成人的心理内容,另一方面构成人的品德内容。它在人的心理发展中具有重要作用,代表着人性发展的价值取向。培育德性是心理教育的内容之一,生命个体以社会善恶的道德规范支配自己的行为,在对社会环境刺激做出自身的反应时所表现出来的稳定的人格倾向即是德性。德性同时又是德育的题中之义,稳定的德性是个体思想品德的核心。② 我国古代的孟子很注重道德心理能力的培养,从其"性善论"出发,通过扩充"善端",使人达到"尽心""知性""知天""事天""成圣"的境界,并形成相应的道德心理能力。③ 现代西方道德心理发展理论中,弗洛伊德的道德发展理论从本我、自我、超我的不断超越中注重培养人以情感为特征的道德心理能力;科尔伯格(L. Kohlberg)的道德发展阶段理论侧重于道德认知发展的水平和阶段,以培养人的道德判断能力;班杜拉的社会学习理论则侧重于"观察学习"以培养人的道德践行能力。心理教育所关注的"主观我—心理我"与道德教育所关注的"客观我—社会我"的结合,是人精神生命的完整体现。

其实在心理教育的心理学理论基础中就遍布着伦理化的倾向,如弗洛伊德的精神分析理论之"超我"的概念中,就蕴含着伦理化的倾向("超我"遵循至善原则),只是"性"在他的理论中力量过于强大,以至于人们忽视了他对伦理所持的矛盾心态。荣格(Carl Jung)认为"精神病"的根源在于生存意义的丧失,是寻找不到意义的痛苦,健康的人是"具有社会兴趣的人"。罗洛·梅(Rollo May)则在分析心理焦虑时,认为现代人的焦虑是一种"价值性"的危机,"是某

---

① 班华.我的心理教育理念[J].内蒙古师范大学学报(哲学社会科学版),2005(1):5-8,92.
② 邓纯考,喻东丽.浅论心理教育的德育功能[J].教育探索,2002(11):82-84.
③ 沈贵鹏.德育视野内的心理教育[J].内蒙古师范大学学报(哲学社会科学版),2000(2):14-20.

种人视为与其生存同等重要的价值受到威胁时的基本反应"[①]。马斯洛认为一个"自我实现的人"才是一个具备健康人格的人。卡伦·霍妮(Karen Horney)在《我们时代的神经症人格》一书中鲜明地揭示了:现代人面临的心理危机在本质上是伦理性的,是文明的危机。从这些心理学大师的分析中可以看到,心理健康与道德伦理有着密切联系,心理健康问题亦可能是人类道德生活障碍的结果。

## 二、当代大学生心理教育的中国特色

我国现实的国情与文化底蕴决定了大学生心理教育应当具有教育性。首先,心理教育作为一项提升和改善个体心理机能的社会活动,不能脱离特定的社会环境与文化背景而孤立存在。其次,教育是一种价值活动,心理教育作为一项培养人的教育实践活动,其本身也应具有价值实现功能。因此,心理教育不但应当具有教育性,而且要体现道德教育的价值导向作用。"教育道德性"是我国当代大学生心理教育最显著的中国特色。当代大学生心理教育的"教育道德性"是个人本位价值取向性与社会本位价值取向性有机统一的产物。

一般来说,心理教育与思想政治教育是同源的。从国家对人才素质的培养要求来看,德育是被优先发展的,而心理教育的功能与作用也是与人才素质的全面发展休戚相关的。这在心理教育的蓬勃发展过程中也是清晰可见的。因此思想政治教育与心理教育在育人的目标上也是一致的,只是侧重点有所不同而已。进入21世纪,我国政府陆续颁发了一系列涉及大学生心理教育的文件,这些文件大多与思想政治教育或德育有关。因此,回顾我国大学生心理教育发展的历史,可以说,与思想政治教育或德育的有机融合是当代大学生心理教育发展的中国特色之路,是当代大学生心理教育的生机之路。我们认为这种有机融合主要包括三个方面:工作队伍的有机融合、教育内容的有机融合和服务管理机制的有机融合。

崔景贵认为,心理教育与道德教育的共同指向是塑造健全人格、促进人格

---

[①] 罗洛·梅文集[M].冯川,译.北京:中国言实出版社,1996:477.

现代化。人格层面是二者融通和融合的纽带。现代人格培育是心理—道德教育相融合的逻辑起点。[1] 以人格发展促进道德发展,以人格培育促进道德教育,这是心理教育与道德教育牢固的结合点。但从具体操作的层面而言,以大学生"思想道德与法治"(2022年为"思想道德修养与法律基础")课为例,我们认为大学生心理教育与思想政治教育相融合的十大关键词有:

### (一)适应

大学生心理健康的标准中把适应,尤其是社会适应,作为衡量大学生心理健康的指标。可见适应对大学生身心发展的重要性,而且在大学校园里,我们的确可以看到一些大学生因为不适应生活、学习和人际关系而暂离或永别校园的悲伤故事。瑞士心理学家皮亚杰认为智力的本质是适应,"智慧就是适应","是一种最高级形式的适应"。他的适应理论有四个基本概念:图式、同化、顺应和平衡。图式指的是认知结构,此结构不是物质结构,而是心理组织,是动态的机能组织,它对客体信息进行整理、归类、改造和创造。同化是主体将环境中的信息纳入并整合到已有的认知结构的过程。同化使图式得到量的变化。顺应是当主体的图式不能适应客体的要求时,就要改变原有的图式或创造新的图式以适应环境需要的过程。顺应使图式得到质的改变。平衡是主体发展的动力,是主体的主动发展趋向,是主动建构的动力。皮亚杰认为主体与环境的平衡是适应的实质。

### (二)生涯规划

在给大学生讲"树立理想"和"职业道德"时,生涯规划理论的介绍、职业兴趣和能力的测试与求职讨论会让大学生的理想与职业规划更接地气,更具体化,更能吸引大学生的注意力,使他们更感兴趣。

### (三)社会化

社会化是一个人内化社会价值标准、学习角色技能、适应社会生活的过程。这是由自然人到社会人的转变过程,每个人必须经过社会化才能使外在于自己

---

[1] 崔景贵.心理—道德教育模式的建构策略[J].教育科学研究,2010(6):41-44.

的社会行为规范、准则内化为自己的行为标准,这是社会交往的基础,并且社会化是人类特有的行为,是只有在人类社会中才能实现的。社会化对于大学生的成人、成才关系重大:促进个性形成和发展,培养自我观念;内化价值观念,传递社会文化;掌握生活技能,培养社会角色。社会化是大学生不得不面对的人生课题,在"思想道德与法治"的课程教学中,教师应不遗余力推动学生社会化的进程。

## (四)亲社会行为

亲社会行为是指对他人有益、对社会有利的积极行为或趋向,也称利他行为,表现为分享、合作、帮助、援助等。而培养大学生的亲社会行为是思想政治教育的目标之一。心理学关于亲社会行为的研究成果对该行为的培养必有助益。

## (五)人际关系

心理学是人学。心理学家舒茨(W. C. Schutz)以人际需要为主线提出人际关系的三维理论,即人有三种基本的人际需要:包容、支配和情感需要。人际吸引(熟悉与邻近,相似与互补,外貌、才能、人格品质都是影响喜欢的因素)和自我暴露与人际交往深度的关系、良好的人际关系(相互性、交换性、自我价值保护和平等原则)等,都对大学生营造良好的人际关系、与人和谐相处具有实践指导价值。

## (六)情商

主要内容请参见第四章。

## (七)逆商

逆商是逆境商数(adversity quotient)的简称,一般译为"挫折商"或"逆境商"。它是指人们面对逆境时的反应方式,即面对挫折、摆脱困境和超越困难的能力。

情商与逆商在个体应对外在世界的人、事、物时都是不可或缺的,对它们的培养和学习对于个体而言非常重要。

## （八）健康

现代人对健康的认识已有了质的变化：健康已不再是"非病理"的生理状态，也不再局限于个体的身心方面，它直接关涉人们生活的幸福感，是一种人类孜孜以求的"美好人生"（well-being）和"幸福生活"（wellness）。[①] 现代健康理念是一种"全人"的健康理念、动态的健康理念、谱系的健康理念、促进的健康理念。[②] 做健康的人、过健康的生活是心理教育和思想政治教育的共识。

世界卫生组织关于"道德健康"的新概念认为，一个道德健康的人，才能身心健康、延年益寿。它揭示了人类健康长寿的深层次奥秘：不以损害他人利益来满足自己需要，具有辨别真与伪、善与恶、美与丑、荣与辱等的是非观念，能按照社会行为的文明规范准则来约束、支配自己的思想行为。道德健康是"德商"的体现，也是心理教育"价值干预功能"的集中体现。

## （九）爱情

爱情是人际吸引最强烈的形式，是身心成熟到一定程度的个体对异性个体产生的有浪漫色彩的高级情感。心理学关于爱情的三角理论和爱的要素等研究结果对大学生在寻觅爱情、建立亲密关系方面都有指导价值。

## （十）人格

培养大学生的健全人格是心理教育和思想政治教育的共同目标。美国心理学家卡特尔（Raymond B. Cattell）认为人格是一种倾向，可借以预测一个人在给定情景中的所做所为，它是与个体的外显和内隐行为联系在一起的。人格的基本结构元素是特质。特质的种类很多，有人类共同的特质，有个人独有的特质。有的特质决定于遗传，有的决定于环境；有的与动机有关，有的则与能力和气质有关。若从向度来分，可分为四种向度。（1）表面特质与根源特质。表面特质是指一群看起来似乎聚在一起的特征或行为，即可以观察到的各种行为表现。它们之间是具有相关性的。根源特质是行为的最终根源

---

[①] 郑希付.健康心理学[M].上海：华东师范大学出版社，2003：2.
[②] 陈家麟.学校心理健康教育：原理、操作与实务[M].北京：教育科学出版社，2010：6-10.

和原因。它们是堆砌成人格的"砖块"。(2)能力特质、气质特质与动力特质。能力特质与认知和思维有关,行为的情绪、情感方面则表明了气质特质,动力特质与行为的意志和动机方面有关。(3)个别特质和共同特质。卡特尔认为人类存在着所有社会成员共同具有的特质,即共同特质,以及个体独有的特质,即个别特质(指表面特质)。虽有共同特质,但共同特质在各个成员身上的强度却各不相同。(4)体质根源特质和环境塑造特质。卡特尔认为有些特质是由遗传决定的,称为体质根源特质,而有些特质来源于经验,因此称为环境塑造特质。卡特尔认为在人格的成长和发展中遗传与环境都有影响。

了解自我的人格特质有助于大学生更好地认识自我、开发自我以培育其健全的人格。

总之,当代大学生心理教育的发展历程是与思想政治教育或德育在工作队伍、教育内容和服务管理机制三方面相融合的中国特色之路,其"教育道德性"是其中国特色的集中体现。

## 第三节 中国化大学生心理教育的实践路向

"尽管我们现在很清楚地认识到,不存在、也不可能存在什么确实的未来,然而未来的意象却会影响到人类目前的行为方式。"[①]结合国内外学者的研究,展望中国化大学生心理教育的发展愿景,我们认为中国化大学生心理教育的实践路向共有九条。

### 一、发展全人化

香港浸会大学原学生事务长何镜炜博士把"全人发展"形象地概括为四个方面:人、情、事、理。人,即对人,指处理人与人的关系;情,即对己,包括个人应

---

① 华勒斯坦,等.开放社会科学:重建社会科学报告书[M].刘锋,译.北京:生活·读书·新知三联书店,1997:84—85.

该具备的责任感、忍耐力,接纳他人,管理情绪,处理压力,使自己具备更积极的心态;事,即处事,指提高自己的分析能力、应变能力、解决困难的能力,正确决策,发挥领导才能,管理和运用时间,开拓各种资源等;理,即明理,包括确立正确的价值观,追求真善美,把握人生方向,培养自己的道德判断力、洞察力,学会接纳不同意见,具备公民意识。香港城市大学把"全人发展"的思想概括为心灵、智能、体能、社交、美艺、事业及情绪七个方面。由上述可见,香港高校心理教育的"全人发展"只是对学生的"全人化"发展,而内地的高校心理教育的"发展全人化"是更全面的"全人化",是全员、全程、全方位培育全体人的全面发展的现代教育新观念。

在科学技术日益发达的今天,摒弃"单向度的人",全人发展观尤显重要。美国科学家罗森(R. Rosen)认为:"近代科学只重分析与实验的方法,在生物学的研究中,把生物解剖得越来越细,近四五十年更是攻打到了分子的层次。我们可以说把生命现象分解为分子与分子的相互作用,现在已取得了伟大的、惊人的成就,建立了分子生物学这门有充实内容的科学。但在这一发展面前,也有许多生物学家感到失望,我们知道得越细、越多,反而失去全貌。"[①]因此说发展全人化是中国化大学生心理教育的首要实践指导思想。

## 二、理念积极化

有研究者认为,我国以往的大学生心理教育大多是以消极理念——治病救人式的补救方法——为主,在这种理念的影响下,心理教育的接纳度被大大削弱,很多人一听到有人去做心理咨询了,就觉得此人是精神病。当然这也严重影响了心理教育功能的发挥。进入21世纪,积极心理学理念的引入使我国高校心理教育转向了积极方面,对大学生进行积极心理教育正逐渐成为共识。当代大学生心理教育应从积极心理学视角构建大学生心理教育的新模式,提升心理教育的目标,实现从"消极心理教育"向"积极心理教育"的转变;

---

① 系统科学的基础理论及体系结构[EB/OL]. [2007-05-06]. http://202.117.24.24/html/xjtu/qxs/shzy/sh191.htm.

丰富心理教育内容,注重学生积极情绪的培养、健全人格的塑造;大力拓展心理教育渠道,增强教育效果;营造良好的心理教育环境,形成积极向上的教育氛围;健全心理教育组织机构,加强心理教育的制度保障。同时,我们也希望工作理念的转变能为心理教育赢得更好的明天,成为大学生喜闻乐见的"教育朋友"。

从人类群体的角度而言,积极性是人类的天性。从医学上说,人的出生就是一次积极的胜利。人在幼儿时期表现出来的强烈的求知欲、表现欲,在青少年时期表现出来的独立意识、自我意识、进取心等,都是人的积极性的具体表现。从心理学上说,精神分析中本我的"趋乐避苦"也是人的一种积极本能;行为主义的"教育万能论"也透露出关于人的积极观点;人本主义的"潜能开发"和"自我实现"更是直接孕育了积极心理学。从哲学上说,我国古代的大同思想和马克思主义的共产主义理想是人类共同的美好社会愿景。越来越多的研究发现,人的积极的心理因素是人赖以生存和发展的内驱力。因此,当代大学生心理教育的理念积极化是人类发展、社会发展和心理教育发展的共同需要。

## 三、理论多元化

21世纪是一个多元化的时代。在这样一个"多元性是人类的存在状况"的时代,我们的认识应当指向真理的多元化,聚焦在事物更深层的意义上。"多元性、多形态性、差异性是其前奏,歧异性、相对主义、视界主义都是其表现。"[①]心理教育并非一元现象,当代大学生心理教育理论的多元化是由其本身的多元理论融合性与其工作队伍、对象的多元性决定的。没有比人再复杂、再灵动的对象了,所有物的发展、变化均是人的发展变化的原因或结果。

与之相适应,当代大学生心理教育的理论基础也要进行整合,积极心理学理论引入高校心理教育之中,与临床心理学、健康心理学、人格心理学等共同构成大学生心理教育的心理学理论基础;哲学、社会学、文化学、艺术学等成为大学生心理教育的人文理论基础;生物科学、医学等是大学生心理教育的医学理

---

① 蔡春,易凌云.论教育学研究者的多元意识:教育学研究方法论探讨之一[J].河北师范大学学报(教育科学版),2002(5):5-8.

论基础；而中国传统文化中的心理学思想是当代大学生心理教育的文化理论根基。学者申荷永、高岚告诫我们，不能因为引进了西方心理学的思想而丢弃了自己的"心"，西方心理学和中国文化心理学都应该成为我们进行心理健康教育的理论基础。[①]

当代大学生心理教育的理论多元化是其开放性和包容度的体现，对于构建中国化的大学生心理教育体系而言，"现在需要做的一件事不是去改变学科的边界，而是将现有的学科界限置于不顾，去扩大学术活动的组织"[②]。理论的多元共存、多元共生现象是当代大学生心理教育的一大特色。

## 四、制度规范化

目前，我国大陆（内地）高校的大学生心理教育制度建设已有了长足进步，但与我国港台地区和国外高校的大学生心理教育制度相比，规范化的程度相差甚远。这也表现在机构设置、运行机制的方方面面。大学生心理教育的制度规范化首先表现为要规范地建立制度，其次还要规范地执行和遵守制度。目前我国高校的大学生心理教育制度建设方面，前者要比后者表现得好。但即使这样，我们仍要看到当代大学生心理教育制度的不足之处，如现在高校对校园危机事件普遍都持紧张态度，尤其是在应对学生自杀事件时。而在这样的校园悲剧中，心理教育教师也会受到负性冲击，因为不少学校的心理教育中心接到领导的口头任务："不能发生一起极端事件！"自杀率是客观存在的，那么领导的要求就显得不那么符合客观规律了。

当代大学生心理教育的科学发展呼唤大学生心理教育的规范化制度建设，不管是软性的制度还是硬性的制度，都应该规范化地建设，而不是由领导想当然地一拍脑袋就做决定。大学生心理教育规范化制度是大学生心理教育的保障和后援力量，只有心理教育的制度规范化了，才有科学化的心理教育的可能。

---

① 申荷永,高岚.心理教育[M].广州：暨南大学出版社,2001：2.
② 华勒斯坦,等.开放社会科学：重建社会科学报告书[M].刘锋,译.北京：生活·读书·新知三联书店,1997：106.

## 五、队伍专家化

当代大学生心理教育的队伍建设是心理教育发展的头等大事,是心理教育的源头活水。在第三章中,笔者已论及队伍建设的问题。由于我国大学生心理教育的发源不同于欧美等国家,从业人员的复杂性固然可以让这支队伍千姿百态,各展风采,但是对于这支队伍的专业化建设而言却增加了困难和阻力。当前,我国高校心理教育队伍的情况是专职人员很少,兼职人员大大多于专职人员,而且专职人员又较少是专门化的人员,经常同时要做些教育管理事务等。这与我国大学生心理教育机构的设置不无关系,它们大多是挂靠在学生处,因此帮忙招生、就业等也就成了这些人员分内的事儿了。

纵览国外和我国港台地区心理教育的先进经验,我们发现,大学生心理教育队伍的专职化、专家化是当代大学生心理教育的必然发展趋势。借鉴美国的"学校心理学家"(School Psychologist)的培养计划和角色功能,我们认为"学校心理学家"是我国当代大学生心理教育队伍专家化的目标。队伍的专家化是队伍专业化的高级形态,在当前阶段对于我国大学生心理教育来说,心理教育队伍的专家化还是一个美好的梦。但我们相信有梦就有美好的未来。

## 六、内容人文化

对人的认识是随着人类社会的发展而不断发展的,自然人、经济人、制造人、游戏人、精神人、心理人、理性人、智慧人、社会人、文化人、复杂人等,不一而足。马克思主义告诉我们最重要的人类本性是社会性,"文化人"是人高于其他动物的根本性标志。党的十七大报告把"人文关怀""心理疏导"作为思想政治工作的重要途径,这也成为心理教育的工作途径;党的二十大报告提出,要推进健康中国建设,把保障人民健康放在优先发展的战略位置,完善人民健康促进政策,重视心理健康和精神卫生。

据考证,"人文"一词最早出现在三千多年前的《周易》中:"刚柔交错,天文也。文明以止,人文也。观乎天文,以察时变。观乎人文,以化成天下。""文明以止"就是以文明为目标,感召和指引人们遵从礼义,以至行其所当行,止其所当止;"化成天下"就是用文明精神去教化民众。随着经济的发展和社会的进步,人文关怀的内涵也得到不断丰富与拓展。人文关怀已经从原来的侧重教化,发展为进一步强化对人的主体地位的肯定和尊重,对人的生存状况的关注,对人的尊严和符合人性的生活条件的肯定,对人自身的命运与价值高度关注的精神体现,以及对人类的解放与自由的追求。内容人文化的大学生心理教育是以大学生人文修养和心理修炼并举,以精气神提升和潜能开发为目标,博览古今中外的哲学、心理学、社会学、文化学、医学等而融于心理教育之炉。内容人文化的大学生心理教育决定了心理教育的学科属性是介于自然科学与社会科学之间偏于社会科学的中间学科。

## 七、方法现代化

随着科学技术的发展,大学生心理教育的方法也发生变化。从最初的"两椅一桌"、面对面的语言交流到现在各种技术手段和网络媒体的使用,大学生心理教育的手段和方法日益现代化。心理测量方法的演进(如生物反馈仪对大学生心理素质的生物反馈训练)和心理测验量表的研制(不管是心理内容方面还是样本和常模,都与时俱进)都体现了心理教育的现代化。更重要的是,现代人生活方式的现代化促进了心理教育方法的现代化。

美国数字未来学家唐·塔普斯科特(Don Tapscott)在《数字化成长:网络世代的崛起》一书中用"网络世代"(net generation)[①]称呼1977年后出生的孩子,认为互联网的产生和发展以及数字技术与现实生活的融合,影响和形成了与众不同的他们。而从我国国情来讲,这拨人就是20世纪80年代末90年代初以后出生的孩子。2008年1月,中国互联网络信息中心(CNNIC)公布《第21次中国互联网络发展状况统计报告》,报告显示,中国年龄在18~24岁之间的网民已有6 669万名,占网民总数的31.8%。因此,对电子网络技术的使用是当代大学生心理教育的必要手段和途径。尤其是随着网络微时代的到来,心理教育方法的现代化更显迫切和必要。

---

① 宋凤宁,黄勇荣,赖意森.网络心理健康教育模式的建构[J].学术论坛,2005(3):171-174.

## 八、途径整合化

在第四章中,笔者就大学生心理教育的主要途径——课程教学、心理活动、心理咨询和环境干预——展开过论述。但是从实践的角度来说,大学生心理教育的途径是多种多样的,只依靠其中的一两种教育途径是达不到心理教育的良好效果的。因此必须整合使用各种途径,全方位地利用所有资源和措施,才能够真正发挥大学生心理教育的功能及成效。心理教育途径整合化是大学生心理教育集约发展的需要。

借用查普林和克拉威克在合著的《心理学的体系和理论》中谈及心理学整合性发展时说的一句话:"心理学遥远的未来是什么样还很难说。就近期而论,似乎这一领域的研究将继续是极其多种多样的,重点经常转移,定义性的观点、方法和理论非常繁复。因此,我们只能总结说,心理学在保留这些特征时将反映人的本性。"[1]我们可以说当代大学生心理教育途径的整合化并不是简单叠加的过程,而是以对象的需要、职业的发展、时代的特征为整合基础,"在保留这些特征时将反映心理教育的本性"。途径是为目标和内容服务的,坚持心理教育的目标和内容就是把握当代大学生心理教育途径整合化的标尺。

## 九、评价综合化

评价就是按照一定的标准对客观事物作出价值判断,这是人类社会生活中的一项基本活动。为了判断过去行为的价值、意义,人们只有进行科学、系统的评价才能对被评价的对象有作用。自从 1929 年美国教育学家拉尔夫·泰勒(Ralph Tyler)首次提出"教育评价"这个科学概念以来,"教育评价"的重要性就日益引起人们的重视。那么,当代大学生心理教育作为现代教育的一部分,对它的成效的评价也是必然的。只有对心理教育进行评价,检验出其教育效果,我们才能正确认识它的价值,从而以实证的、客观量化的方式使心理教育的实施得到更有利的现实依据,也使更多的人认同心理教育,这是心理教育评价

---

[1] 查普林,克拉威克.心理学的体系和理论[M].林方,译.北京:商务印书馆,1983:364.

最主要的作用。

当代大学生心理教育的评价应是综合化的,这可以从两个方面来理解。其一,不但教育者、受教育者,而且社会、家庭及政府等都是大学生心理教育评价的主体,任何一方的声音和观点都很重要,这是它与思想政治教育的不同点之一。其二,心理教育评价综合化是对心理教育各项要素的综合评价,包括心理教育的机构设置、队伍建设、课程教学、活动开展、学生反馈、社会满意度等。总之,评价体系就是心理教育的主心骨,调控着心理教育这个大舞台:"心有多大,舞台就有多大。"因此,心理教育评价综合化是当代大学生心理教育工作可持续发展的重要保障。